D1732259

Moritz Mayer-Mahr

Rund um das Klavier

Ernste und heitere Erlebnisse und Betrachtungen

Reprint der Originalausgabe von 1947

STACCATO
Verlag

Bibliografische Information der Deutschen Bibliothek
Die Deutsche Bibliothek verzeichnet diese Publikation in der
Deutschen Nationalbibliografie; detaillierte bibliografische Daten
sind im Internet über
http://dnb.ddb.de abrufbar.

Reprint der Originalausgabe von 1947
Herausgegeben und mit einer Einleitung
von Carsten Dürer

Lektorat: Frank Joachim Schmitz
Umschlag: Staccato-Verlag

Über den Autor

Gerade der Untertitel dieses Büchleins klingt harmloser, als sein Inhalt in Wirklichkeit ist. Denn gerade das Heitere in diesem Büchlein kommt erst am Ende recht kurz zur Geltung. Der Autor Moritz Mayer-Mahr ist heutzutage fast vergessen, ausschließlich sein Lehrbuch „Der musikalische Klavierunterricht" sowie das Studienwerk „Die Technik des Klavierspiels" sind heutzutage unter Kennern älterer pädagogischer Anleitungen noch ein Begriff. Wer aber war dieser Mayer-Mahr?

Moritz Mayer-Mahr wurde am 17. Januar 1869 in Mannheim als jüngstes von fünf Kindern geboren. Genau am Tag seines 15. Geburtstages zog die gesamte Familie nach Mainz. Doch schon zuvor hatte Moritz in Mannheim Klavierunterricht erhalten. Die wichtigste Station für seine Ausbildung war dann die Musikhochschule in Berlin, wo er zwischen 1886 und 1890 Komposition bei Woldemar Bargiel, einem Studenten von Ignaz Moscheles und Niels Wilhelm Gade, studierte. Seine Klavierausbildung in Berlin hatte er von Ernst Rudorff (1840–1916), selbst Schüler von Bargiel, erhalten. Nach seinem Studium gründete er ein Klaviertrio mit dem Joseph-Joachim-Schüler Alfred Wittenberg und dem Cellisten Heinrich Grünfeld. Mit diesem Trio unternahm er ausgedehnte Konzertreisen. Mayer-Mahr war ein Bewunderer des Liszt-Schülers Ferruccio Busoni, den er persönlich kannte. Moritz Mayer-Mahr – wie üblich in dieser Zeit – hatte sich vor allem dem klassisch-romantischen Kernrepertoire verschrieben.

Doch die meiste Zeit seines Lebens widmete sich Mayer-Mahr der pädagogischen Tätigkeit. Ab 1892 unterrichtete er Klavier an der „Musikschule Karl Klindworth", die sich ein Jahr später mit dem von Xaver und Philipp Scharwenka 1881 gegründeten „Scharwenka-Konservatorium" zum „Klindworth-Scharwenka-Konservatorium" zusammenschloss. Bis 1937 führte Mayer-Mahr an diesem neu gegründeten und über Jahrzehnte als eine der wichtigsten Ausbildungsstätten geltenden Institut seine Klavierklasse fort. Daneben war er in mehreren Preisrichter-Kollegien wie dem Ibach-Wettbewerb für Nachwuchskünstler in Berlin am Sternschen Konservatorium und zudem bis 1933 auch Mitglied des Senats der Akademie der Künste in Berlin als Sachverständiger in musikpädagogischen Angelegenheiten. Unter seinen Schülern befanden sich zahlreiche zu ihrer Zeit erfolgreiche Komponisten und Pianisten wie Manfred Gurlitt (1890–1973), Georg Bertram (1884–1941), der später mit berühmten Dirigenten wie Wilhelm Furtwängler und Bruno Walter auftrat.

Mayer-Mahr war – wie viele seiner Kollegen, und auch seine beiden Trio-Mitstreiter – jüdischer Abstammung. Aufgrund dieser wurde er bereits am 19. August 1935 aus der Reichsmusikkammer des Deutschen Reiches ausgeschlossen. Ein halbes Jahr später trat dann das Berufsverbot für den Pianisten und Lehrer in Kraft. Allerdings wurde es ihm erlaubt, auch weiterhin Schüler und Mitglieder des Jüdischen Kulturbundes zu unterrichten. 1940 erhielt Moritz Mayer-Mahr gemeinsam mit seiner zweiten Frau, Paula Mayer-Mahr, die Erlaubnis, aus Deutschland auszureisen. Dem Sohn Robert Mayer-Mahr aus erster Ehe gelang es nicht, Deutschland zu verlassen. Er wurde am 4. September 1942 aus Drancy in Frankreich in das Konzentrationslager Auschwitz deportiert und gilt seither als verschollen. Ab März 1940 war das Ehepaar Mayer-Mahr im norwegischen Vestre Aker ansässig, das heute zu Oslo gehört. Im November 1942 flüchteten sie weiter nach Schweden, um den Nazis zu entgehen, kehrten aber bald wieder nach Norwegen zurück, um 1946 wieder nach Schweden einzureisen. Auch in seinem Exil unterrichtete Mayer-Mahr noch und verstarb am 30. Juli 1947 nach kurzer Krankheit in Göteborg.

Neben seiner pädagogischen und künstlerischen Tätigkeit hat sich Moritz Mayer-Mahr auch als Herausgeber von Werken von Robert Schumann, Johannes Brahms, Felix Mendelssohn Bartholdy, Carl Czerny und Stephen Heller betätigt.

Zum Inhalt des Buches

Dieses hier erstmals als Reprint vorliegende kleine, fast schon unscheinbare Büchlein, das Mayer-Mahr am Ende seines Lebens schrieb, ist eine kurze Zusammenfassung seiner Lebensbeobachtungen und -erfahrungen rund um das Klavier in vier Abschnitten. Der erste umfasst einen Rundumblick auf die Situation des Klaviers in der ersten Hälfte des 20. Jahrhunderts, als das Radio und die Schallplatte bereits einen ersten Siegeszug in die Wohnzimmer getan hatten und das Klavier aus den Haushalten verdrängten. Aus einer Zeit stammend, als es noch üblich war, dass in fast jedem Bürgerhaus ein Klavier zur musikalischen Unterhaltung beitrug, sieht Mayer-Mahr die Entwicklungen kritisch, aber auch als Möglichkeit der Verbreitung klassischer Musik. Doch zuerst lässt er einige Seiten lang seine Ausbildung Revue passieren, auf denen man lesen kann, dass er noch Clara Schumann vorgespielt hatte, dass er unter der Leitung von Joseph Joachim Klavierkonzerte aufführte. Zudem erklärt er seine Bewunderung für Anton Rubinstein und andere große Pianisten der Zeit. Doch Mayer-Mahr nimmt diese Beschreibungen nur zum Anlass, um herauszufinden, warum das Klavier in seiner Zeit eine Art von Niedergang erlebte, und lässt dabei einen wirklich weitgefassten Blick auf die Kultur- und Musikwelt im Allgemeinen erkennen. Geschickt ist seine Schreibweise, die die Thesen interessant zusammenfügt und man fühlt sich leicht an die heutige Zeit und die Diskussionen um die Probleme der klassischen Musik erinnert. Dass er dabei die Begeisterung für die „moderne Musik", namentlich den Jazz, als „Narkotikum" bezeichnet, sei ihm verziehen.

Interessant und nicht minder aktuell erscheint aber auch sein Blick auf die pädagogischen Entwicklungen im zweiten Kapitel. Er beobachtet bereits zu seiner Zeit eine Einebnung der Spielweise gerade unter den jungen Pianisten und sucht dabei nach Erkenntnissen, warum dies so ist. Für Mayer-Mahr gilt, dass das emotional-natürliche

Spiel des Instruments die wichtigere Grundlage darstellt als die allein auf Technik getrimmten Methoden. Dass er aber auch hier einen über die Maßen weiten Blick für die Ursachen von Fehlern in der Pädagogik behält, beweist sein umfassendes Wissen. Auch aufgrund seiner eigenen editorischen Tätigkeit bezieht er die Notenausgaben in seine Überlegungen mit ein und bringt dann etliche Beispiele, wie man Werke bestimmter Komponisten angehen sollte.

Als Mitglied eines Klaviertrios betrachtet er dann die Kammermusik für Klavierspieler im dritten Kapitel. Auch hier geht Mayer-Mahr durchaus ernst zur Sache und kann aus seiner reichen Erfahrung unschätzbare Tipps für das Spiel mit anderen Instrumenten geben.

Erst im vierten Kapitel zeigt sich dann die heitere Seite des Buches, wenn Mayer-Mahr einige humorige Erzählungen aus seinem Leben und von seinen Reiseerfahrungen mit seinem Trio zum Besten gibt.

Dieses Büchlein ist ein Resümee eines Lebens voller Erfahrungen mit Musik. 1947, im Jahr seines Todes geschrieben, ist es erst 1949 in Göteborg erschienen und wurde nicht mehr groß verbreitet. Dennoch bieten die Betrachtungen von Moritz Mayer-Mahr nicht nur einen Einblick in die Welt des Klaviers über den Wechsel vom 19. zum 20. Jahrhundert, sondern lassen den Leser durch die Darstellung der Verhältnisse der Zeit auch über das heutige Ausbildungs- und Kulturwesen rund um das Klavier nachdenken.

Leider war es uns nicht möglich, herauszufinden, wer sich hinter den Initialen *T. Ag.* verbirgt und das Vorwort zu der Originalausgabe geschrieben hat.

Carsten Dürer

Mayer-Mahr

RUND UM DAS KLAVIER

Ernste und heitere

Erlebnisse und Betrachtungen

S.	5, Zeile	1	Jahrzehnten
S.	7, „ „	5	anstatt "nicht" heisst es: mir
S.	8, „ „	12	folgte
S.	8, „ „	20	vereinigte
S.	8, „ „	35	fehlt der Bindestrich zwischen Beethoven — Auffass
S.	8, „ „	36	fehlt das Komma hinter dem letzten Wort "hatte"
S.	10, „ „	9	ausübenden
S.	10, „ „	35	der Hirnkasten
S.	11, „ „	25	meinem Ego
S.	12, „ „	29	Neuerscheinungen
S.	12, „ „	32	eingehender
S.	13, „ „	3	zünftlerischen
S.	14, „ „	1	die Nase
S.	14, „ „	36	Aufforderung (nicht Auffassung)
S.	16, „ „	5	verschrieen
S.	18, „ „	6	physische (nicht psychische)
S.	18, „ „	31	Schubert (mit grossem S)
S.	19, „ „	22	Gesamtorganismus
S.	21, „ „	1	dem Schüler
S.	21, „ „	10	dieses
S.	21, „ „	36	Expectorationen
S.	22, „ „	9	aber auch durch umso (fehlt das Wort durch)
S.	22, „ „	18	des Schöpfers
S.	22, „ „	28	des Spielers
S.	23, „ „	11	entgegnen
S.	23, „ „	18	Verantwortlichkeitsgefühl
S.	24, „ „	14	vorausnehmende
S.	24, „ „	35	Fingermuskelschwäche
S.	26, „ „	28	Elementar
S.	27, „ „	18	letztmaligen
S.	29, „ „	1	veranlagte
S.	29, „ „	30	fehlt die Parenthese nach Schumann
S.	31, „ „	22	begnügte
S.	33, „ „	14	erzogen
S.	33, „ „	17	enthält
S.	36, „ „	35	Persönlichkeit
S.	40, „ „	29	liess
S.	42, „ „	18	als
S.	44, „ „	17	dass
S.	44, „ „	20	liess ich
S.	46, „ „	28	menschenscheu
S.	47, „ „	7	entstandene
S.	48, „ „	7	für das von mir (fehlt das Wort das)

Handelstryckeriet, Göteborg
1949

Vorwort

Unter den grossen deutschen Klavierpädagogen der neunziger Jahre und während der darauffolgenden ersten Jahrzehnte nimmt Professor Moritz Mayer-Mahr einen hervorragenden Platz ein. Eine lange Reihe »Meister des Klaviers« stammen aus seiner Schule und haben in ihrem Wirken das Erbe seines Geistes und Könnens weiter verbreitet. Moritz Mayer-Mahr war nicht nur der Klavierlehrer — er war vor allem der anregende Mentor, der es in seltener Weise verstand, seine Schüler in die Tiefe und in den Geist der Musik der grossen Meister verschiedener Epochen einzuführen und damit vertraut zu machen.

In diesem kleinen Büchlein, dessen Herausgabe während seines Lebens durch widrige Umstände nicht verwirklicht werden konnte, hat Professor Mayer-Mahr seine Gedanken über musikalische Fragestellungen und Erfahrungen der Blütezeit der Musikpflege im alten Deutschland in tiefsinniger und zugleich reizvoller Weise niedergeschrieben. Alle, die diese schöne »Welt von Gestern« miterlebt haben, werden seine Ausführungen, sei es über Klavierpädagogik, über Stilfragen, Pedalbehandlung, Kammermusik oder heitere Reiseerlebnisse, mit Freude und Rührung lesen. Spätere Generationen eines bestimmt nicht so musischen Zeitalters werden auch ihren Nutzen davon haben. Denn hier spricht nicht nur der geschätzte Pädagoge, sondern vor allem der verständnisvolle, hilfsbereite und tiefblickende Musiker und Mensch, sowohl aus lebenslanger Erfahrung wie aus dem Drang heraus, der ihn zum hochverehrten Lehrer machte: den Schüler und zugleich Mitmenschen mit der schönen Welt der Tonkunst vertraut zu machen.

Professor Moritz Mayer-Mahr, geb. zu Mannheim 1869, gest. in Göteborg, Schweden, 1947, wurde nach vollendeter Studienzeit Lehrer der Meisterklasse bei dem berühmten Klindworth-Scharwenka-Konservatorium in Berlin. Er war ein ausgezeichneter Pianist und Kammermusikspieler, Mitglied des Trios Mayer-Mahr-Wittenberg-Grünfeld, und auch Komponist von ansprechenden Klaviersachen und Liedern. Seine Ausgaben von Studienwerken und Werken von u. a. Brahms, Mendelssohn, Schumann genossen Weltruf. Er war auch Mitglied des Senats der Akademie der Künste.

T. Ag.

I

Hätte ich dieses Büchlein vor Jahrzehnten verfasst, also zu einer Zeit der unbestrittenen Vorherrschaft des Klaviers im Musikleben aller Kulturvölker, so wäre der Entschluss zu einer Drucklegung vielleicht nicht allzu unbescheiden befunden worden. Wenn ich es aber nun heute erscheinen lasse, so werden wohl selbst die nachsichtigsten Zeitgenossen den Kopf über ein solches Wagnis schütteln.

Denn inzwischen hat eine Reihe von Erfindungen, Erscheinungen, Lebensauffassungen es zuwege gebracht, dass unser einst so stolzes Instrument von seinem Herrschertron verstossen und zu einer Aschenbrödelrolle verdammt worden ist.

Das Radio, die verbesserte Schallplatte, der Jazz-Rummel, die Vorzugsstellung der sportlichen Ausbildung des Jungvolkes, die Wirtschaftslage, als deren Folge sich die Verkleinerung der Wohnräume als notwendig erweist: alle diese Umstände mussten zusammenkommen, um einen anderthalb Jahrhunderte hindurch erklärten Liebling der Kunstfreunde ihrer Gunst verlustig gehen zu lassen.

Und dennoch oder vielleicht gerade deshalb drückt sich mir die Feder mit unwiderstehlicher Gewalt in die Hand, und eine innere Stimme ruft mir zu: Der du fünfzig Jahre hindurch zum Klavier und seinen Meistern im innigen Verhältnis gestanden hast, brich eine Lanze für den unentbehrlichen Hausgenossen aller wahrhaft musikalischen Menschen! Oder lasse diese Aufzeichnungen deiner Betrachtungen zumindest einen wehmütigen Nachruf werden dem Instrument, für das unsere Grössten unsterbliche Werke geschaffen haben. So habe ich mich nach Überwindung starker Hemmungen entschlossen, zunächst von den Eindrücken aus meinen Beziehungen zu schöpferisch oder nachschöpfend gestaltenden Klaviermeistern zu erzählen und späterhin Rechenschaft abzulegen über meine eigene Lehrtätigkeit, die so vielen Kunstjüngern die Wege gewiesen oder auch geebnet hat, auf denen sie zum ersehnten Ziel strebten und vielfach auch gelangten.

Die erste Jugend verlebte ich in einem wahrhaft musischen Bezirk; ist doch meine Geburtsstadt Mannheim, in der schon um 1745 Stamitz, der Begründer des klassischen symphonischen Stils, an der Spitze eines erstrangigen Orchesters wirkte, und I.B. Cramer, das Haupt der musikalischen Klavier-Etuden-Schule, 1771 geboren wurde, bereits um die Wende des 19. Jahrhunderts eine Stätte hoher musikalischer Kultur gewesen. So wurde es mir, dem nur im Reich der Töne sich wohl fühlenden Knaben, auch nicht verwehrt, im Kreise K. F. Heckels, des Freundes und Mäzens Richard Wagners, mich umzutun. Unvergesslich ist mir die durch Heckels Grossmut ermöglichte erste geschlossene Aufführung des Nibelungen-Ringes mit Amalie Materna und Scaria an vier Abenden des Winters 1882.

Als ich kurz darauf meinen Vater bat, das in Aussicht gestellte Geburtstagsgeschenk in Gestalt einer Schwarzwaldreise einzutauschen gegen die Erlaubnis, meine nichts weniger als glorreiche Pennälertätigkeit abschliessen und mich dem Musikstudium widmen zu dürfen, wurde mir grobe Abfuhr zuteil. — Zu meinem Erstaunen erklärte mir mein Vater wenige Tage später, dass wir den freien Samstag-Nachmittag und Sonntag durch eine Reise zu — — — Clara Schumann ausfüllen würden! In überseliger Stimmung trat ich die Wallfahrt nach Frankfurt an. Unauslöschlich prägte sich der Eindruck in mein Gedächtnis, den diese Frau mir hinterliess. Gütig und streng zugleich wirkte ihr mütterliches Wesen. Etwa eine Stunde musste ich ihr vorspielen und schliesslich über ein gegebenes Thema phantasieren.

Dann spazierte ich bebenden Herzens, meinen Vater und mit ihm mein zukünftiges Schicksal abwartend, im Palmengarten einher. Endlich erschien mein alter Herr; aber erst als wir im Zuge sassen sagte er: »Seinen Neigungen kann jedermann nachgehen, aber erst nach bestandenem Maturum!«. Erläuterungen zu diesem mich niederschmetternden Machtspruch hat mein stets wortkarger Vater mir nicht gegeben; erst in späteren Jahren, im Besitz einer gewissen Lebenserfahrung habe ich ihm ins Grab hinein für seinen Beschluss gedankt. Hierbei streife ich ein alle Kunstjünger angehendes Problem, das allein nicht die Berechtigung gab, über die Vorgeschichte meiner Ausbildung mich allzubreit auszulassen. Vielfach beobachtete ich die verhängnisvolle Tatsache, dass frühreife Talente die Schule als lästigen Zwang empfinden. Häufig lassen sich die Eltern zu allzufrühem Abbruch des Schulbesuches ihres begabten Kindes verleiten. Ich kann auf Grund meiner Erfahrungen nur dringend vor solchen Massnahmen warnen. Halbbildung oder gar Unbildung ist der schlimmste Feind des Kunstbeflissenen. Ehedem vielleicht, als das langhaarige Virtuosentum noch keine Hauptrolle spielte, mag die Wunderkinderei einen materiellen Vorteil verbürgt haben.

Hier erinnere ich mich einer kleinen Episode, die mir Bernhard Stavenhagen aus der Zeit seines Weimarer Studienaufenthaltes erzählte. Ein jetzt sehr hochgeschätzter, damals aber nur zur Virtuosität neigender Liszt-Schüler lud alle Neuankömmlinge auf seine Bude und liess sich vorspielen. Nach den Leistungen eines Novizen befragt, meinte er verächtlich:»Terzentonleiter *nur aufwärts!*» Diese Zeiten der Nur-Virtuosität sind vorüber; wir verlangen heute durchgeistigte Kunstausübung. Diese kann nur auf Grund universeller Bildung erlangt werden. Dass es Ausnahmen gibt, bedarf keiner Erwähnung. Auch unter den Musikern hat mancher Analphabet intuitiv Grosses geleistet; aber auch hier bestätigt die Ausnahme die Regel.

Nach bestandenem Examen trat die brennende Frage des Studienganges an mich heran. Wien mit Leschetizky schien verlockend. Aehnliches liess sich von Paris mit Diémer sagen. Nun hatte Joachim mit seiner Wiedergabe des Beethovenkonzertes eine so tiefe Wirkung in mir ausgelöst, dass es mich in die Sphäre dieses Künstlers zog. So kam ich zu Ernst Rudorff, der die Leitung der Klavierklassen an der Berliner Hochschule hatte. Rudorff war ein Musiker von höchster Feinfühligkeit. Alle bei ihm studierten Konzerte spielte ich an öffentlichen Abenden unter Joachims

Leitung. Die zweite Hälfte der achtziger Jahre brachten einen Wandel des Berliner Musiklebens. Zwar paradierten in der Oper unter dem Intendanten von Hülsen eine Reihe von Gesangsgrössen wie Pauline Lucka, Mathilde Mallinger, Albert Niemann; doch fehlte es im Opernhaus an einem grossen Dirigenten. Orchesterkonzerte grossen Stils waren mangels eines geeigneten Saales unmöglich. Da kamen die Besitzer einer Berliner Rollschuhbahn auf die Idee der Umgestaltung ihres Scatingrings in einen Konzertsaal. So entstand — non olet — die Philharmonie!

Als nun Joachim und Klindworth sich in die Leitung der Philharmonischen Konzerte teilten, war der Grund zu ihrer Blüte gelegt. Ihnen folgten als unerreichter Stabführer jener Zeit Hans von Bülow, dem später in Felix Weingartner an der Spitze der Königlichen Kapelle ein jugendlicher Konkurrent erstand. Für das Klavier wuchs die Anteilnahme weiterer Kreise. Hatte doch Theodor Kullak in seiner Akademie eine Brutstätte des Bacillus Pianisticus, mit dem Tausende höherer Töchter geimpft wurden, gegründet, der aber auch Männer wie Xaver und Philipp Scharwenka entwuchsen. Die Scharwenkas gründeten später eine eigene, alsdann mit der Klindworth'schen vereinigten Schule, die bald Weltgeltung erlangte. Mein Kompositionslehrer Bargiel, der Stiefbruder Clara Schumanns, war ein Meister der Form; wehe, wenn man in seiner Gegenwart die Namen Liszt oder Wagner in den Mund nahm. Bülow, der aus persönlichen Gründen Bayreuth entfremdet war, wechselte zu Brahms hinüber, dessen fanatischer Apostel er wurde. In Mailand spielte Bülow die 5 letzten Sonaten Beethovens und erzielte namentlich in der Loge des Präfekten Gähnkrämpfe. Nach dem Konzert fand beim Präfekten ein festliches Abendessen statt. Als lange nach Mitternacht die Frau Präfektin die Tafel aufhob, erbat sie von ihrem Gast noch ein kleines Dessert auf dem Flügel. Diesen Augenblick hatte der racheschnaubende Bülow ersehnt, nahm Platz am Klavier und spielte bis ins Morgengrauen ohne Unterbrechung beide Bände des wohltemperierten Klaviers!

Im wahrsten Sinne ein Gegenspieler Bülows, dessen Beethoven Auffassung man den Stempel der Objektivität aufgeprägt hatte *(ich* fand Bülow's Beethoven-Auslegung höchst subjektiv*)* war Anton Rubinstein. Dieser Vulkan in Person gab vor einem erlesenen Auditorium historische Konzerte; er verfuhr sehr eigenmächtig mit den dynamischen und zeitlichen Vorschriften. Aber selbst der kühlste, sachlichste Buchstabenklauber musste vor dieser dämonischen Vollkraftnatur die Waffen strecken. Als ich von ihm Schumann hörte, fiel mir Clara Schumanns Bemerkung ein: »Gestern spielte Rubinstein die Kreisleriana; hätte doch mein Mann dies noch erleben können; so schön ist seine Musik noch nie erklungen.« Solches Urteil gibt einen Begriff von der hinreissenden Genialität Rubinsteins. Einige Male durfte ich ihm vorspielen; im Gegensatz zu Bülow war der Russe von bestrickender Liebenswürdigkeit.

Für die Pianisten jener Kunstperiode war das Kapitel des Brahms-Stils eine umstrittene Frage. Der Meister selbst mag in jungen Jahren der autoritativste Verweser seiner Klaviermusik gewesen sein. Betrachten wir die 51 Übungen, die Brahms zu eigenem Gebrauch geschrieben hat, so ergibt sich die Gewissheit, dass der junge Pianist sich eindringlichst mit seiner Ausbildung beschäftigt hat. Später hatte Brahms wichtigere Dinge als Klavierüben vor und der Pianist Brahms hat sich schliesslich der Oeffentlichkeit verschlossen. In kleinen Kreisen ergab sich dem Hörer eine al-fresco-Darbietung, die für den Kenner aufschlussreich war.

In jenen Jahren entwickelte sich im europäischen Konzertwesen eine Art Überpianismus, die auch im Berliner Musik-Getriebe ihren Niederschlag fand. Und die Pianisten traten nunmehr in eine vorherrschende Stellung. Insbesondere die Fülle der Gesichte aus dem Liszt-Kreise überfluteten die Podien: Sauer, Reisenauer, Siloti, d'Albert, Rosenthal, Stavenhagen, Ansorge wetteiferten um die Gunst der Hörer.

Über Sauer und Rosenthal hier zu sprechen hiesse Eulen nach Athen tragen, da sie vier Dezennien nach ihrem ersten Auftreten noch im Vordergrund des Interesses stehen und jeder sich bis in die allerletzte Zeit ein Urteil über ihre Kunst bilden konnte. Einer der feinnervigsten Listz-Jünger war Reisenauer, ein Poet auf den Tasten! Gesinnungsverwandt stand ihm Stavenhagen nach, auch er mehr Dichter als Tastenschläger. Als dritter im Bunde dieser Spezies sei Ansorge genannt, der sich zunächst als Schubertianer in die Herzen des Publikums spielte. Am gigantischesten wirkte der zwergenhaft kleine d'Albert — contradictio in adjecto! D'Albert war als schaffender wie als nachschaffender Musiker eine starke Potenz. Die Hinneigung zur schöpferischen Betätigung hat im Laufe seines Künstlerdaseins zu starker Vernachlässigung der ausüberbenden Kunst geführt. Diese Feststellung mussten selbst seine begeistertsten Anhänger machen. Und diese Feststellung konnte uns nur mit Trauer erfüllen. Alle Achtung vor dem Komponisten d'Albert, der bei allem Eklektizismus Werke von grosser Schönheit geschrieben hat. Seine im 18. Lebensjahre entstandene Suite opus 1, das Scherzo, das Klavier-Konzert E-dur geben rühmendes Zeugnis seiner produktiven Kunst. Der Klavierspieler d'Albert war bis zum Beginn seines Verfalls eine einzigartige Erscheinung; geniale Musikalität und stupendeste Technik vereinigten sich zur völligen Homogenität. Gleichviel ob d'Albert Bach, Beethoven, romantische oder neuere Musik spielte, hier erlebte man Vollendung. Obwohl kein Adonis, wirkte er durch die elementare Kraft seiner Kunst auf die Frauen geradezu faszinierend.

Als d'Alberts Stern zu verbleichen begann, trat Ferrucio Busoni in den Vordergrund. Über d'Alberts Doppelbegabung hinaus erweist sich Busoni's Veranlagung als Dreigestirn. Goethe sagt einmal: »Dem einen hat unser Herrgot *ein* Talent geschenkt, anderen fünf; bis wir aber eines ausgebildet haben, sind wir längst tot.» Diese tiefgründige, in der Musikgeschichte vielfach bestätigte Hypothese wird ausnahmsweise durch Busonis Erscheinung widerlegt: einer der grössten Pianisten der Nach-Liszt-Epoche, ein Komponist von stark profilierter Eigenart, ein überaus geistreicher, philosophischen Grübeleien nachhängender Schriftsteller!

Genannt sei auch Wladimir von Pachman. Er war Spezialist für Chopin's kleinere Formen: die grösseren hätten wohl seine Akrobaten-Finger, nicht aber den Hirnkasten bewältigt. Eine federleichte, gänzlich unbeschwerte Fingertechnik, feinster Klangsinn waren die Kennzeichen seines viel Charme entwickelnden Spiels. Ein Rätsel ist es mir bis auf den heutigen Tag geblieben, wieso dieser kleine Geist sich eines so enormen Zulaufes zu erfreuen hatte. Vielleicht muss man den Skeptikern zustimmen, die das Herbeiströmen sonst im Konzertsaal niemals gesehener Hörer auf Pachmans Gebahren, seine Mätzchen, zurück führten. Als Zugaben servierte er nämlich kleine Selbstgespräche, wie: »Bravo Pachman!» »Très mauvais, Pachman!»

Erwähnt sei noch Xaver Scharwenka, der mit seinem B-moll-Konzert Aufsehen erregte. Das Klavier, — durch erfinderische Techniker wie die deutschen Erbauer Bechstein, Blüthner, Steinweg, Ibach, Duysen, Schwechten, Schiedmeyer u. a., den Deutsch-Amerikaner Steinway, den Oesterreicher Bösendorfer, die Franzosen Pleyel und Erard zu immer höherer Vollendung des Mechanismus gebracht, blieb in der stets zunehmenden Gunst der Musikfreunde. Zu den genannten Podiumlöwen kamen in beängstigender Fülle dauernd neue, bedeutende Tastenbezwinger —; wer zählt die Spieler — nennt die Namen?

Wie reizt es mich, von manchen der zeitgenössichen Charakterköpfe ein Miniaturbild zu zeichnen! Hiergegen sprechen aber zwei Gründe: mit einigen bin ich seit langer Zeit befreundet, andere kenne ich nur vom Sehen und Hören. Gleich Richelieu glaube ich an die Bestechlichkeit jeder menschlichen Kreatur. Könnte ich hier ganz unpersönlich bleiben und nur den Beckmesser in meinen Ego hervorkehren? Zweitens möchte ich den Berufs-Kritikern nicht in's Handwerk pfuschen, da es sich fast durchweg um Künstler handelt, die noch heute alljährlich bei uns Einkehr halten.

An den grossen Bilderungsanstalten wirkten zu Beginn von Berlins künstlerischer Blütezeit Meister wie der klassisch-vornehme Heinrich Barth, der auch kompositorisch hervorgetretene Ernst vom Dohnány, Klindworth, Xaver und Phillipp Scharwenka, Martin Krause, Ernest Jedlicka. Sie alle zogen die junge Pianisten-Generation der ganzen Welt zur Ausbildung in die deutsche Reichshauptstadt. Diese jüngste Künstlerreihe beherrscht heute die Lehrstühle der Musikschulen und die Konzertsäle. Die Kunst des

Klavierspiels ist dank aller angeführten Umstände im Laufe der letzten Jahrzehnte auf dem höchsten Gipfel der Vollkommenheit angelangt. Berlin verlor inzwischen seine Stellung als Führerin auf dem Gebiete der Kunstpflege.

Wie erklären wir uns nun die nicht wegzuleugnende Tatsache des gleichzeitigen Niedergangs der Vormachtstellung unseres Instruments? Unverkennbares Symptom: die verheerende Abnahme der Besucherzahl von Klavierabenden. Während früher fast jeder der vielen bekannten Pianisten seine treue Gemeinde hatte, und selbst Säle wie die Berliner Philharmonie manchmal die Masse der Hörlustigen nicht zu fassen vermochte, kommen Räume von solchem Ausmass heute kaum noch in Betracht. Selbst Säle mittlerer Grösse sind zur Zeit fast ausnahmslos nur mit Freibilletlern zu füllen, womit dem Konzertwesen der Todesstoss versetzt ist. Durch langjährige Erfahrung wissend geworden, rate ich jüngeren Kollegen, lieber vor leeren Bänken als vor Freibilletlern zu spielen. Wer jemals im Besitze einer Freikarte war, kommt später als zahlender Besucher nicht mehr in Frage. Überdies kennt die Undankbarkeit dieser Sorte von Hörern keine Grenzen, denn

1. beschimpfen sie die Leistungen,
2. geben sie keine Garderobe ab,
3. kommen sie zu spät und —
4. kommen sie überhaupt nicht.

Weiteres wichtiges Symptom: Grosse Klavierfabriken stellen ihre Zahlungen und ihre Arbeit ein.

Ich führte zu Anfang meiner Betrachtungen als Gründe für dieses tragische Schicksal des Pianismus einige einschneidende Neuerrscheinungen an: Radio, Schallplatte, Jazz, Sport, Wohnungsmangel als Folge der Wirtschafstlage. Ich glaube, dass ein Zusammenhang zwischen diesen Rubriken besteht. Auf Grund ein gehender Prüfungen des Niederganges möchte ich folgenden Beobachtungen Raum geben. Während die ausübende Tonkunst einst nur als Funktion, bzw. Attribut sämtlicher kirchlicher Zeremonien in Anspruch genommen war, eroberte sie sich in der Folge die Gunst der Fürstenhäuser und der reichen kulturell hochstehenden Adelsgeschlechter; auch einige bürgerliche Patrizier bekannten sich zu Freunden unserer Kunst. Sehen wir von der nach heutigen Begriffen nicht künstlerischen, in ihrer formalistisch-zünftlerischen Art jedoch sehr tüchtigen Meistersingerei des Mittelalters ab, so finden wir Anzeichen von Kunstbegeisterung der breiten Masse erst im vergangenen Jahrhundert. Im Verlaufe desselben brachte die Freude am Chorgesang fast das ganze Bürgertum in Berührung mit der Muse. Gleichlaufend entwickelte sich die Lust am Umgang mit instrumentaler Musik. Das Klavier wurde der Hausfreund jeder Familie; bei zunehmendem Wohlstand gehörte der Besitz eines Pianos oder gar eines Flügels zu den Selbstverständlichkeiten. Das Pianoforte wurde der Liebling der kultivierten Menschheit: hatten ja auch die grossen Tondichter intimste seelische Offenbarung vom Klavier empfangen. Die Weltlitteratur der Klaviermusik bietet sich als ein Füllhorn des Schönsten dar, was Menschengeist ersonnen. Ihre Ausbeute wurde schliesslich für die einfühligsten unter den Künstlern so reich, dass die einseitige Bevorzugung von Orgel, Geige und Cello zunehmender Begeisterung für das Klavier wich. Lebte der Berufsmusiker bis dahin nur von der Gnade der Kirche, sowie fürstlicher, adliger und bürgerlicher Mäzene, so konnte er nun, bei dem erwachenden Kunstbedürfnis grosser Volkskreise ganz auf sich selbst gestellt, mit berechtigtem Stolz seinen Beruf ausüben. Der kurze Abriss, in dem ich meinen Lesern ein Bild vom Wirken der Pianisten-Legionen vergangener Zeiten gezeichnet habe, mag als hinreichender Beweis für die Hinneigung der kultivierten Menschheit zum Klavier gelten. Somit können also nicht etwa innere Gründe das ersichtliche Abrücken grosser Massen verursacht haben; vielmehr sind es äussere Umstände, die in ungewollter Gemeinsamkeit den konzentrischen Kampf eröffneten: Die Verarmung beträchtlicher Volkskreise und der Siegeslauf des Radio.

Ein noch so kunstliebender Mensch kann nicht von der Luft leben: er muss sich Einschränkungen und Entbehrungen auferlegen; so treffen diese in erster Linie die nicht unbedingt notwendigen Verschönerungen der Lebenshaltung, also die Beschäftigung mit den schönen Künsten. Feinnervige Übermenschen rümpfen dies Nase bei der Erwähnung des Radio als Kulturspender; für sie ist der Rundfunk lediglich Surrogat. Gewiss ist jede Mechanisierung von Tonerzeugung Torso; aber hier wird die Not zur Tugend. Der kunsthungrige Durchschnittsbürger begnügt sich zwangsläufig mit diesem Torso: *mit dem Einzug der Antenne begann der Auszug des Klaviers.* Aus dem klavierspielenden Kunstfreund ist ein Musikempfänger geworden. Gegen ein geringes Entgelt kann jedermann von früh bis spät ungeheure Tonmengen verschlingen. Den vorher erwähnten Nasenrümpfern muss man in zwei gegen das Radio vorgebrachten Argumenten beistimmen:

1. der Massenkonsum von Tönen zeitigt Übersättigung der Hörer.
2. Ihre Hoheit Göttin Polyhymnia wird entheiligt, wenn man die H-moll-Messe, die Neunte Symphonie oder die Appassionata im Schlafrock während des Verzehrs von Kartoffelsalat oder beim Kartenspiel an seinem mehr oder minder geneigten Ohr vorüberziehen lassen kann.

Gerechterweise muss auf der Gegenseite als Plus verbucht werden, dass mancher Radioempfänger durch das häufige Anhören von guter Musik zum Interesse für echte Kunst erzogen wird. Dass die massgebenden Stellen in der Leitung des Rundfunks sich ihrer hohen erziehrischen Mission bewusst sind, unterliegt keinem Zweifel. Hierfür kann ich Belege aus meiner eigenen Mitwirkung beim Rundfunk anführen. Vor einigen Jahren erhielt ich den Auftrag, am Mikrophon Klavierunterricht zu erteilen. Hierbei erörterte ich mit einer Schülerin technische Probleme, nahm eine Mozart-Sonate durch, wobei ich Stilfehler im Vortrag zum Anlass von Anweisungen für sachgemässe Ausführung der Klaviermusik des Salzburger Meisters gab. In dieser Unterrichtsstunde liess ich die Feststellung in den Vordergrund treten; nicht nur befragte ich die Schülerin: vielmehr musste auch letztere durch Gegenfragen ihre Kenntnisse zu vermehren versuchen. Bekenne ich mich doch zu dem amerikanischen Erziehungsgrundsatz, dass der Schüler durch Befragung des Lehrers die Lücken seines Wissens auszufüllen hat. Sein Wissensdrang erlahmt, wenn er in Kadavergehorsam der Auffassung des Lehrers zur Äusserung harren muss. So gewiss vorlautes, sinnloses Geplapper verabscheuungswürdig ist, so wünschenswert erscheint mir die rechtzeitig erfolgende Frage zur Vermeidung von Missverständnissen. Nach unserem europäischen Sittenkodex darf ein Schüler nicht selbst die Initiative zur Behandlung des vorliegenden Lehrstoffes ergreifen. Die Folge ist häufig Verstumpfung, Verdummung, Gleichgültigkeit. Wenn ich zwei gleichbegabte Schüler unterrichtete, einen Europäer und einen United-States-Abkömmling, so wird der Letztere in der geschickteren Ausnützung des Verhältnisses zwischen sich und dem Lehrer den grösseren Vorteil aus der Situtation ziehen. Ich will mich hier nicht als Pestalozzi aufspielen, werfe aber diese aktuelle Erziehungsfrage in die Diskussions-Arena.

Dem Vorsteher der betreffenden Rundfunkabteilung schwebte der Gesichtspunkt vor, dass durch Lehrvorträge der im Schwinden begriffene Sinn für häusliches Klavierspielen wieder erweckt werden könne. Aus einer Reihe von Zuschriften und Aufrufen als Folge dieser Mikrophon-Stunde, ersah ich in der Tat die günstige Wirkung auf gewisse Hörerkreise. Übertriebene Hoffnungen sind freilich an solche gut gemeinte Experimente nicht zu knüpfen; denn mit der Wirtschaftsnot tritt die Platzfrage in den Vordergrund: Hart im Raume stossen sich die — Möbel! Das Klavier muss unentbehrlichem Hausrat weichen, wenn mit jedem Zentimeter Kubikraum in den umgebauten, verkleinerten Wohnungen und den nach ökonomischen Grundsätzen errichteten Neubauten zu rechnen ist.

Das neuerdings eingeführte Volksklavier mit der fünf Oktaven umspannenden Klaviatur könnte hier eine Bresche schlagen. Ich möchte die Mahnung einschalten, künftig neben den Volksklavieren auch Volksflügel allerkleinsten Modells zu erschwingbaren Preisen anzufertigen.

In der Phalanx der unserem Instrument abträglichen Erscheinungen sehen wir auch die verbesserte Schallplatte. Brauchte früher jede tanzlustige Haustochter das Klavier zur »Exekution« der neuesten Schlager, so springt jetzt als Nothelfer das billigere Grammophon ein. Schliesslich hat die Jazzmusik jüngere Menschen dem Klavier abspenstig gemacht: der sinnbetörende vom Saxophon ausgehende Nervenkitzel entspricht leider dem Geschmack vieler Zeitgenossen: Jazz ist eben klingendes Narkotikum. Und zuguterletzt der Sport! Ich möchte um Himmelswillen nicht als Aufwiegler verschrien werden. Wer selbst Soldat war, weiss die Bedeutung des Sports für die körperliche und charakterliche Ertüchtigung von jungen Menschen zu ermessen. Aber jeder einsichtige Beurteiler wird meine Meinung teilen, dass mit der zunehmenden Sportbegeisterung in der jüngsten Generation die Freude an der Hausmusik zwar nicht erloschen, aber stark in den Hintergrund getreten ist. Ein gerechter Ausgleich könnte hier Segen spenden.

In meinem unbesiegbaren Optimismus verharre ich auf dem unverrückbaren Standpunkt, dass allen oben genannten feindlichen Mächten zum Trotz ein grosser Teil der Abtrünnigen reuevoll zu seinem früheren Hausfreund, dem Klavier, zurückfindet, sobald der ersehnte wirtschaftliche Aufschwung neben des Lebens Härten auch der Lebensfreude einen Platz an der Sonne einzuräumen vermag.

II

Der Titel meines Büchleins weist so eindeutig auf seinen Inhalt hin, dass ich in seinem Leserkreis wohl nur ehrliche Freunde
des Klavierspiels vermuten darf. Somit kann ich es wagen, den
zweiten Abschnitt meiner Betrachtungen pädagogischen Fragen
zu widmen; der Anregung ihrer Erörterungen verdankt meine
Schrift ihr Entstehen. Zuschriften von Musikern, die auf der
Grundlage meiner Unterrichtswerke lehren, ohne jemals mit mir
in persönliche Berührung gekommen zu sein, entnehme ich den
Wunsch, Klarheit über das Wesen meines Lehrsystems zu erhalten, soweit dasselbe aus meinen Studienwerken nicht ersicht-
lich ist. — Manche Illusion wird durch meine einleitende Behaup-
tung zerstört werden, dass eine künstlerische Angelegenheit mit
dürren Worten nur nach Seite der ihr innewohnenden kunsthand-
werklichen Materie zu erklären ist. Darüber hinaus, wo sie in die
Sphäre imponderabilen Kunstgeschehens steigt, werden schriftliche
Abhandlungen stets nur Theoreme bleiben. Und selbst die in
unserem Fach primäre Frage der Technik lässt sich meines Er-
achtens nicht summarisch behandeln. So verschieden nämlich die
Hände sind, so verschieden wird auch die manuelle Ausbildung
vonstatten gehen müssen. Aus den angeführten Einschränkungen
geht hervor, dass die Möglichkeiten fruchtbaren Schrifttums auf
unserem pädagogischen Gebiet begrenzt sind. Ich denke hierüber
so skeptisch wie über die berüchtigten Kurpfuscher-Anzeigen:
»Heilung Auswärtiger erfolgt brieflich!«

Lamperti, der grosse Gesangsmeister des 19. Jahrhunderts,
schnitt einem eifrigen, ihn mit Schmeicheleien über seine Erfolge
überschüttenden Bewunderer die Rede mit folgenden Worten
ab: »Es gibt keine Lehrer, es gibt nur Schüler!« Gewiss lächeln

wir über diese mit romanisch-graziöser Geste hingeworfene These aus dem Munde eines Mannes, der durchaus nicht an Unterschätzung seiner Lehreigenschaften gelitten hat. Und dennoch möchte ich, selbst auf die Gefahr der Steinigung durch meine Fachgenossen dem Maestro nicht widersprechen. Freilich tritt beim Sänger die psychische Veranlagung so stark in den Vordergrund, dass selbst ein Richard Wagner, der Vorkämpfer durchgeistigten Gesanges, die Stimme als die weitaus wichtigste Mitgift des Sängers bezeichnet. Dieser Ideengang liegt wohl dem Lampertischen Aphorismus zu Grunde. Der Erfolg des Volkalisten beruht in der Hauptsache auf dem mehr oder minder grossen Klumpen Goldes, den ihm Mutter Natur in die Kehle gelegt hat.

Beim Instrumentalisten ist die Physis in Gestalt der handlichen Veranlagung nicht von so ausschlaggebender Bedeutung. Dem Menschen mit normalem Körperbau ist auch meist eine normale Klavierhand eigen. Mit solcher Hand ausgestattet, kann ein Klavierspieler bei Anleitung seitens eines vernünftigen Lehrers sich das technische Rüstzeug aneignen. Gewisse anatomische Grundgesetze sollte der Lehrer nicht nur kennen, sondern auch einem einigermassen anstelligen Schüler klarzumachen vermögen. Der Spielende muss sich der Wichtigkeit bewusst sein, die der Zusammenarbeit von Schulter, Ober- und Unterarm, Handgelenk und Hand zukommt: bei hoch oder zu tief gehaltenem Handrücken ist hier Kongruenz unmöglich, da Stauungen unterlaufen müssen. Bei grossen Talenten liegt die Erkenntnis hiervon fast ausnahmslos im Unterbewusstsein. Ganz selten ist mir ein für das Klavier geborener Musenjünger vorgekommen, der sich durch Verkrampfung eines der genannten Organe den Weg zum Ziel verrammelt hätte. Selbst körperlich schwache, hinfällige Pianisten holen oft aus dem Instrument eine erstaunliche Klangfülle heraus. Die geistreiche Bemerkung eines Franz schubert-Verehrers: »Er komponiert nicht, es komponiert aus ihm» kann man getrost auf unseren Fall übertragen: — er spielt nicht, es spielt aus ihm; — Sieg des Geistes über das Fleisch!

Kehren wir zum Alltag zurück. Ich will ja in meinen Auslassungen nicht von dem Verhältnis der wenigen Berufenen zu ihrem Instrument sprechen. Vielmehr sei der Versuch unternommen, das Verständnis einer möglichst zahlreichen Gemeinde von Klavierspielern für denjenigen Teil unserer Kunst zu schärfen, der erlernbar ist. Ich weiss mich im Gegensatz zu manchen ausgezeichneten Lehrern, wenn ich der sorgsamsten Ausbildung der *Finger—Technik* überragende Bedeutung beimesse. Die Richtigkeit dieser meinem System zu Grunde liegenden Auffassung halte ich für beweiskräftig, nachdem ich in jahrelangem Umgang mit den Weltruf geniessenden Pianisten aus der Liszt-Schule gesehen habe, dass auch bei ihnen die Finger-Technik als wichtigste Disziplin gilt. Ich befinde mich also in guter Gesellschaft, wenn ich neuerdings aufgetauchten Methoden der Hegemonie des Armes über die untergeordneten Funktionäre Hand und Finger meine Zustimmung nur in einigen Punkten gebe. Auch ich verdamme die ganz veralteten Anschauungen, dass ein gut exerzierter Finger schon Wunder verrichten könne; Zeiten, in denen man die Knöchel mit einem Gulden oder Taler beschwerte, dürften selbst vom hinterwäldlerischsten Stundengeber als Märchen aus vergangenen Tagen bestaunt werden. Wir kennen alle die römische Fabel aus Shakespeares »Coriolan«, in der dargelegt wird, dass kein Teil des menschlichen Körpers ohne Zusammenhang mit dem Gestamorganismus funktionieren kann. Für den Klavierspieler ergibt sich hieraus die Quintessenz, dass der Blutlauf vom Oberarm bis in die Fingerspitze keine Hemmung erleiden darf. Will der Klavierspieler im Wettlauf mit dem Sänger betreffs des sinnlichen Effekts nicht von vornherein in aussichtslosem Wettbewerb unterliegen, so muss er die oft behänselte Drahtkommode aus der Niederung der Tonsprödigkeit in die himmlische Sphäre der Tonberückung zu erheben verstehen.

Hier gilt für mich als oberstes Gesetz, dass die Fingerspitze den allerfeinsten seelischen Regungen zu folgen vermag. Die Fleischkuppe des Fingers muss sich in die Taste einsaugen können, als wäre sie mit ihr verwachsen; je fleischiger die Kuppe ist, desto eindringlicher kann durch ihren Druck der Ton gestaltet werden. Positiver Beweis: Rubinstein hatte Fingerpolster vom Umfang eines kleinen Schlafkissens; die Fülle, Wärme, Sinnlichkeit seines

Tones steht für mich als unerreichbar fest. Negativer Beweis: ein blutarmes Ding mit Fingern gleich Stricknadeln wird immer nur Drahtkommode haspeln; das variable Druckvermögen des Fingers muss uns zur zweiten Natur werden. Wird übrigens der Finger-kuppendruck systematisch geübt, so verbreitet sich die Kuppe, und somit bildet sich auch bei schmalgepolsterten Fingern im Laufe der Zeit eine relativ genügende Fleischunterlage. Der oberste also dem Nagel nächstliegende Knöchel muss den Druck fördern, seine Ausbildung bis zur elastischen Federung ist Hauptbedingung für die Druckmöglichkeit. Wie wir beim Gebrauch der Schreib-feder mechanisch verfahren, ohne uns Rechenschaft über die ein-zelnen Bewegungen geben zu brauchen, so muss auch der Finger automatischer Mittler unserer verschiedenartigsten Tonempfin-dungen sein. Voraussetzung ist neben technischer Souveränität eine sich an dem Geist des Tonstückes entzündende Klang-phantasie. Fehlt solche Vorbedingung, so helfen selbst Finger-kuppen von überdimensionalem Umfang nichts.

Über dies und viele verwandte Gebiete liessen sich Bände füllen. Da ich aber meinen Lesern die Lust (?) an der Lektüre nicht vergällen will, so muss ich trockenes Magistertum vermeiden und wende mich daher Problemen ästhestischer Art zu. Hier kann der Lehrer vorbildlich wirken; besitzt er Feingefühl für das Charakteristikum der veschiedenen Kunstepochen, so wird er selbst Schülern von nur mässiger Musikalität den Sinn für die wechselnden Stilarten zu wecken oder im Falle der Verbildung zu läutern vermögen. Auf dem Podium sollte der Künstler einem Apostel gleich sich ganz in den Dienst des Schöpfers stellen, dessen Werk er aus dem Geiste seiner Zeit zu tönendem Leben zu verhelfen sich berufen fühlt. Und auch der mit der Herausgabe von Werken grosser Meister betraute Musiker müsste sich der hohen Verantwortung seiner Aufgabe bewusst sein.

Leider ist das Konto des Trifoliums *Lehrer, Solist, Herausgeber* in puncto Stilfrage im Übermasse sündenbelastet. Zieht man die Fortschritte in Betracht, die unser Lehrerstand neuerdings, dank der allgemein-musikalischen Erziehung, in den Seminarien auf-weist, so befremdet umsomehr das häufig ganz unentwickelte

20

Stildifferenzierungsvermögen. Da wird der Schüler Scarlatti, Bach, Haydn, Mozart, Beethoven, Schumann und Debussy nach einer über den gleichen Leisten gespannten, alle Stil-Unterschiede verwischenden Manier eingepaukt. Ich bin in den sieben Jahren meiner Prüfer-Tätigkeit bei den staatlichen Examina der Privat-Musiklehrer manchmal aus dem Missbehagen gar nicht herausgekommen. Technisch gut unterrichtete, recht musikalische Examinanden versagten, wenn sie sich in die Gefühlswelt des Komponisten versenken und aus dem gemässen Zeitgeist schöpfen sollten. Diesses Manko kann nur auf entsprechende Verständnislosigkeit und mangelnde ästhetische Einstellung des Lehrers zurückgeführt werden. Es sei mir gestattet, hier in Kürze meine Meinung über eine alle Klavierspieler angehende Begleiterscheinung des Unterrichts auszusprechen.

Es handelt sich um die auch heute noch immer im Vordergrund stehende Frage der Ausgaben klassischer Meisterwerke. Die unter allen möglichen verlockenden Titeln angepriesenen Ausgaben bedeuten fast immer eine Quellenversumpfung, da der Urtext häufig durch Veränderungen seitens des Bearbeiters verbessert (verbösert wäre richtiger!) wird. Gewiss mag mancher Leser mir hier im Geiste die monumentale Beethoven-Bülow-Ausgabe entgegenhalten. Doch gerade diese Revision Beethovens halte ich für eine grosse Gefahr unserer Musikpflege. Bülows führende Künstlerschaft als Dirigent und Pianist hier nochmals zu preisen, wäre banal, sie zu kritisieren, wäre anmassend. Bülows Grösse sehe ich aber nicht in seiner so oft gerühmten Objektivität; vielmehr ist er für mich ein höchst subjektiv verfahrender Gestalter, genialisch, kraftvoll und durch logische Schärfe oft überzeugend. Wenn Bülow das zweite Thema der Egmont-Ouvertüre oder gewisse Mittelsätze aus Beethoven-Sonaten um die Hälfte des Zeitmasses verlangsamte, so wirkte das wundervoll, geradezu suggestiv. Man höre sich aber diese Egmont-Nuance von einem landläufigen Kapellmeister oder verschleppte Zeitmasse in einem Sonaten-Largo von einem Durchschnittspianisten an, und man wird ob solcher Manieriertheit erschrecken.

Bülows Ausgaben betrachte ich als geistvolle Exspectorationen eines grossen Künstlers; sie werden daher auf den gereiften Musiker höchst anregend wirken und ihm in vieler Beziehung nützen. In die Hand des unreifen Musikstudenten gehören sie aber ebensowenig wie in die Notenmappe des Dilettanten; es sei denn, dass die in ihnen enthaltenen Subjektivismen von einem feinfühligen mit dem Sinn für die klassische Linie begabten Lehrer modifiziert oder erläutert werden können. Vielen anderen Bearbeitern fehlt nun zwar die geistvolle Eigenart eines Bülows; dafür suchen sie aber auch umso grössere Originalität — sprich: Willkür — zu glänzen. Möge der durch eine eiserne Schule gegangene Künstler sich »subjektiv ausleben» (scheussliches Schlagwort!): die musikalische Erziehung erfordert strenge Objektivität.

Ich räume dem Herausgeber der Klassiker selbstredend die Berechtigung ein, Randbemerkungen etwa in Form von Fussnoten einzufügen, in denen er seine eigene Weisheit leuchten lässt: der Urtext, nicht nur die Noten, sondern auch die Angaben von Zeitmassen, Dynamik und Phrasierung sollten aber in übersichtlichem Grossdruck ein untrügliches Bild vom Willen dess Schöpfers darstellen. Dieses Bild müsste auch jedem ausübenden Künstler vorschweben, der sich vermisst, im Konzertsaal als Verweser des Gedankengutes unserer Grossmeister zu gelten. Wie ist es in Wirklichkeit um dieses Hohepriester-Amt bestellt? Bei vielen Tonkünstlern vermisse ich wahre Objektivität, die allein eine getreue Wiedergabe verbürgt. Unter Objektivität verstehe ich nun nicht etwa eine gedankenlose Copie, einen ungeistigen Abklatsch. Den Nachschaffenden muss selbstredend Spielraum bleiben, aus ihrer Phantasie heraus das Werk neu erstehen zu lassen, als ob es das eigene Geisteskind des Spieles wäre. Der Vortrag darf nicht einstudiert wirken; einer momentanen Inspiration gleich sollen die Töne unseren Fingern entgleiten, denn nur bei solcher improvisatorisch scheinenden Ausführung kann beim Hörer ein inniger Konnex zum Gehalt des Werkes aufkommen. Der Individualität des Spielers muss weitgehend Rechnung getragen werden. Eine zarte Frauen-Psyche wird dem Tonstück geistig und gefühlsmässig möglicherweise in heterogenem Verhältnis zur robusten, leidenschaftlichen Durchdringung seitens eines männlichen Pianisten gegenüberstehen.

In einer meiner üblichen Vorspiel-Stunden brachten zufällig drei Schüler die Beethoven'sche D-moll-Sonate opus 31 zum Vortrag. Alle 3 spielten notengetreu und ohne Verstösse gegen den heiligen Geist des Meisters. Und dennoch, welche Verschiedenheit klanglich-materieller und seelischer Art! Als ich die Eleven gleichmässig lobte, warf ein zelotischer Jüngling die Frage auf, ob denn von den dreien nicht zwei sich vertan hätten. Mit gutem Gewissen konnte ich dem engstirnigen Fragesteller entgegen, dass eine starke Persönlichkeit sich wohl in der ihr eigenen Tonsprache ausdrücken könne, wenn nur der Respekt vor den vom Tondichter gegebenen Richtlinien gewahrt bliebe. Ausübende, die unter Nichtachtung klarer Vorschriften im Vortrag nur sich und ihre Eigenart bespiegeln wollen, handeln unkünstlerisch. Auf mich wirkt das Übermass an dynamischen und zeitlichen Kontrasten, von den meisten Flügel-Leuten aus Mangel an Verantworttlichkeitsgefühl oder in eigensüchtiger Eitelkeit bevorzugt, derartig abstossend, dass ich — Seekrankheits-Eruptionen befürchtend, den Darbietungen am liebsten nur auf einem Eck- oder Logensitz folge.

Von allen fälschlich herbeigeführten Effekten sind die vom Autor nicht gewollten Tempo-Verzerrungen als primärste Verstösse zu rügen. Bei Bach, Haydn, Mozart sind solche Tempowillkürlichkeiten unverzeihlich. Vor eine schwierige Stilfrage stellt uns J. S. Bach. Nicht nur die Praktiker experimentieren an ihr herum; auch ein Wust von teils geistvollen, teils irreführenden, ja unsinnigen theoretischen Erörterungen dieses Themas sehen wir in oft drangvoller Reihenfolge entstehen. Grau, liebe Bach-Freunde, ist alle Theorie, schwarz auf weiss, d. h. auf den Tasten sollen wir lieber dem Meister aller Meister unsere Reverenz erweisen! Ich unterscheide ganz streng zwischen der Ausführung reiner Klaviermusik für Clavichord oder Cembalo und der Wiedergabe der von der Orgel übertragenen Werke. Den Charakter der ersteren entstellen wir durch Inanspruchnahme der Klangstärke des moderne Flügels; hier sollten wir archaistisch, antikisierend verfahren. Durch geschickte Benutzung des linken Pedals kann annähernd der spröde Ton der Vorläufer unseres heutigen Klaviers erzeugt werden.

Bei den von der Orgel kommenden unerhört grossartigen Fugen, Toccaten usw. muss hingegen die mächtige Klangstärke des Flügels ausgenutzt werden. Bei Übertragungen geraten wir oft in ein Dilemma. Soll man durch sparsamen Pedalgebrauch der Klarheit fugaler Stimmführung zum Recht verhelfen oder durch Pedalschwall die Tonfülle der Orgel vorzutäuschen versuchen? Hier muss die Musikalität, der gute Geschmack, das Stilgefühl, der Klangsinn des Spielers den Ausschlag geben. Auszunehmen von strenger Sonderung zwischen der Behandlung von Klavier- und Orgelmusik sind manche das zukunftsträchtige Klangvolumen des Klaviers vorauszunehmenden Eingebungen des Bach'schen Genius. So darf der Pianist des 20. Jahrhunderts z.B. beim Vortrag der Chromatischen Phantasie und Fuge trotz der fast zwei Jahrhunderte umfassenden Zeitspanne zwischen Entstehung und Verkörperung unbesorgt alle Register des heutigen Flügels ziehen. Wenn ich diese Phantasie spiele oder höre, so verwischen sich mir alle kleinlichen, anachronistischen Begriffe: es gibt eben Musik, die *über* dem Zeitenzeiger tront! Vielleicht zeiht man mich der Gotteslästerung, wenn ich mir einbilde, dass unserem Herrgott die »Chromatische Phantasie« bei Erschaffung der Welt erklungen ist und beim Weltuntergang wiederum ertönen wird. — Auch die Akustik spielt eine beträchtliche Rolle. Ich habe mich bei Bach nie festgelegt, sondern je nach den normalen oder teils über- teils unterakustischen Bedingungen des zur Verfügung stehenden Raumes pedalisiert.

Da wir nun gerade das Kapitel *Pedal* streifen, möchte ich ein wenig bei demselben verweilen. Ich erhebe gewissermassen öffentliche Anklage gegen fast alle das Klavier traktierenden Männlein und Weiblein wegen Übertretung primitivster Klanggesetze, hervorgebracht durch die epidemische Krankheit »Pedalist«. Fast allenthalben, von Berufsspielern und Dilettanten, wird zu dick pedalisiert. Häufig führt Fingermuskelschwäche zur Übertreibung; auch trägt zuweilen Befangenheit infolge von Unsicherheit die Schuld. Wie der Vogel Strauss, um ungesehen zu bleiben, den Kopf in den Sand steckt, so gräbt der befangene Klavierist den Fuss ins Pedal.

Völlig missverstanden wird die Anwendung des linken Pedals. Wie schon oben erwähnt, kann man das linke Pedal zur Klanganpassung an Clavichord und Cembalo gebrauchen. Unerträglich ist es aber als Hervorbringer eines gesungenen p (piano). Mir drängt sich hier immer der Vergleich mit der Dame auf, die dauernd zur Puderquaste greift, um ihrem Teint Zartheit zu verleihen. Ein klangvolles p oder pp ist niemals durch die Verdünnung des Tonvolumens via una corda zu erzielen; ganz im Gegensatz zur gewünschten Wirkung wird ein solcher Ton klanglos und indifferent. Ein singendes p oder pp ist nur auf dem Wege minutiösester Fingerdruck-Ausbildung zu erreichen. Spieler, die noch nicht im Stande sind, ein p mit genügender Klangsubstanz hervorzubringen, sollten von der Existenz des linken Pedals gar keine Kenntnis nehmen. Wie häufig fand ich, dass Schüler, denen ein sangbares p nicht gelingen wollte, sich aus Bequemlichkeit der una corda bedienten. Hier muss der Lehrer eingreifen und für die Erlernung zarter und dennoch klangvoller Tonproduktion sorgen. Anbetern des linken Pedals sei zur Beruhigung gesagt, dass dasselbe zuweilen eine wichtige Mission zu erfüllen hat. Stimmungen von Weltabgewandtheit und Askese vertragen, ja *verlangen* sogar seine Anwendung. Wie sollte man sonst beispielsweise gewisse unsinnliche Effekte in der transzendentalen Tonwelt der fünf letzten Beethoven-Sonaten oder des Finalsatzes von Chopins B-moll-Sonate erreichen?

Durch falsche Pedalbehandlung wird das Filigran bei Scarlatti, Haydn, Mozart und dem jungen Beethoven undurchsichtig, die fein gegliederte, fast spinnwebartige Linie verwischt. Tritt bei Mozart Klangüberlastung durch Pedal ein, so drängt sich mir der Vergleich mit einem alten, nachträglich mit Oelfarbe überkleckisten Kupferstich auf. Ich rede nun durchaus nicht einer allzu blassen Mozart-Auffassung das Wort; es gibt Mozart-Spieler, die in jeder seiner Schöpfungen einen lieblich-weichen Botticelli oder einen süssen Raffael-Madonnenkopf sehen. Diese einseitige Einstellung ist ganz falsch; ich führe hier etwa die A-moll-Sonate, die kraftvolle einleitende Phantasie der C-moll-Sonate, die Konzerte in D- und C-moll an. Diese Tonstücke sind keineswegs ausschliesslich auf Grazie eingestellt. Hier ist ein geläuterter Kunstgeschmack Wegweiser und die sprichwörtliche goldene Mitte gut angebracht.

Beethoven ist von seinen skizzenartigen Vorarbeiten bis zur endgültigen Gestaltung oft einen langen, dornenvollen Weg gegangen; war aber die Konzeption beendigt, dann fehlte kein I-Tüpfel mehr, und den Kommentatoren bleibt somit nichts übrig als die Stellvertretung dieses gottähnlichen Schöpfers auf Erden, bzw. auf Tasten. Unerspart bleibt mir die Peinlichkeit, nunmehr zu dieser allerheiligsten Stilfrage meine ehrliche Meinung zu äussern. Statt Beethovens die ganze Menschheit angehende Hinterlassenschaft nur durch geweihte Kunstpriester, zum mindest ein gesiebtes Gremium von Verwaltern seines heiligen Geistes der Nachwelt verkünden zu lassen, wird an allen Ecken und Enden von Unberufenen Beethovens Andenken geschändet. Der Eintritt in dieses Heiligtum müsste zu allererst Jugendlichen verboten sein. Wenn die Jungspieler sich auch meistens nur an die Werke der ersten Schaffensperiode heranwagen, so ist auch hierin ein Fehltritt zu erblicken. Gerade die Werke Opus 1—31 sind einigermassen erträglich nur von durch den Besitz einer subtilen, von der Leuchtkraft feinster Tonbildung getragenen Technik qualifizierten Spielern auszuführen. Überdies bergen hier bereits die langsamen Sätze Werte von tiefgründiger Schönheit, deren ganze Grösse nur von reifen Menschen zu erfassen ist.

In den Musikschulen müsste ein Plakat die unerlaubte Beschäftigung mit Beethoven polizeilich verbieten. Elemantar-Lehrer verfallen häufig dem Wahn, dass sie jeden Anfänger sich mit den Beethoven-Sonaten beschäftigen lassen müssen. Wie unsagbar schwierig ist es, einen Ausgleich für die kristallklare Ausführung des Figurenwerkes und andererseits des Leidenschaftdurchwühlten seelischen Gehalts zu finden! Bei Frauen habe ich hier ganz selten Gleichmass gefunden; entweder packt sie die Leidenschaft zu Ungunsten der Klarheit, oder sie geben uns kalten Marmor, also die glänzende Fassade, und bleiben inner-

26

lich unberührt. Bei frühreifen Jünglingen, die uns das Wesen Beethovens enthüllen wollen, fand ich häufig eine in jungen Jahren sich einstellende Gemütsverkalkung; ein junger Mensch kann eben die richtige Distanz zu Beethoven noch nicht gefunden haben. Der Geist des Meisters könnte hier dem keck-vorwitzigen Spieler die Worte des Faustschen Erdgeistes entgegenschleudern: »Du gleichst dem Geist den Du begreifst, nicht mir!«

Dem Beethoven der dritten Periode, also etwa von Opus 81 a beginnend, werden nur tiefst veranlagte Naturen sich nähern dürfen. Hier entringen sich der Seele Klänge von ungeahnter Mystik, wie sie weder bis dahin noch später jemals sich dem Ohr des erschauernden Hörers offenbart haben. Für Unbefugte: Hände weg! — Unvergesslich ist mir der Eindruck von Clara Schumanns Beethoven-Spiel anlässlich ihres Abschiedskonzertes. Ahnte die hohe Mittlerin überirdischer Musik ihren nahen Tod? Mich befiel an jenem Abend ein Gänsehaut-Gefühl, als ich Töne von jener Welt zu hören wähnte.

Den Abschied jenes letzmaligen Auftretens bildete Chopins F-moll-Konzert. Vielleicht wählte die Meisterin nicht ganz unabsichtlich gerade dieses Werk. Bei ihrem allerersten Auftreten als ganz jugendliche Künstlerin hatte Clara im Gewandhaus diesen Chopin gespielt, wobei sie von ihrem Gedächtnis im Stich gelassen worden war. Seit jenem Zwischenfall gab es für diese gewissenhafteste aller Frauen kein Orchesterkonzert ohne Noten. Freilich brauchte sie niemals in das Notenheft zu blicken; aber zur Vermeidung der Wiederholung des Leipziger Unfalles musste ein gewiss recht überflüssiger Umwender seinen Platz neben der Spielerin einnehmen. Hier stossen wir auf ein nicht allzu nebensächliches Erziehungsproblem.

Ich verfechte die oft angezweifelte Meinung, dass jeder einigermassen musikalische Mensch durch Training zum Auswendigspielen gebracht werden kann. Lässt man Anfänger kleine Präludien und Inventionen von Bach auswendig üben, so wird ihr Gedächtnis gestählt, weil gerade Bach logisches Denken und daher energische Konzentration erfordert. Die Frage des Auswendigspielens hängt mit der inneren Sicherheit des Übenden zusammen; innere Sicherheit ist allerdings ohne völlige technische Beherrschung des Tonstückes undenkbar.

Hier finden wir einen engen Zusammenhang zwischen Physis und Psyche; die häufig auftretende Nervosität beim Auswendigspielen führe ich auf nicht genügende technische Vorbereitung zurück. Für das Memorieren gibt es nun zwei Wege; je nach der Veranlagung des Schülers wird der Lehrende einen der beiden Wege als den gangbarsten wählen. Es gibt Musizierende, die nach mehrmaligem Durchlesen das Tonstück bereits für ihren Hirnkasten sozusagen photografisch aufgenommen haben; das sind die Gottbegnadeten! Das unheimlichste Erinnerungsvermögen besass Mozart. Bewahrte er doch als achtjähriger Knabe die in der Sixtinischen Kapelle zu Rom gehörte Palästrina-Messe bis zu seiner Rückkehr nach Salzburg lückenlos im Gedächtnis. Diese Auserkorenen scheiden für unsere Betrachtung aus. Die einen machen sich das harmonische Gebilde klar und üben also akkordisch auswendig, die anderen bedienen sich des Finger-Gedächtnisses, d.h. sie pauken das Tonstück so lange durch, bis es von ihren Händen mechanisch bewältigt wird und so auf einem mir nicht ganz durchsichtigen Weg in den Kopf gelangt.

Bewahren manche Pianisten Bach und Beethoven gegenüber noch Pietät, so glauben sie den Romantikern keine Rücksicht in der Befolgung unzweideutiger Bezeichnungen zu schulden; insbesondere muss *Chopin* den Rubato-Liebhabern als Schaukelpferd dienen. Liszt hasste Übertreibungen beim Vortrag Chopins, dessen Musik er mit einem Baum verglich, dessen Stamm fest in der Erde wurzelt, während die Blätter leicht vom Winde bewegt werden. Ich finde eine seltene und massvolle Anwendung des Rubato bei Chopin durchaus am Platze. Meine Stellung zu Chopin scheint derjenigen des Tondichters zur Interpretation seiner Werke zu entsprechen.

Einem Glückzufall verdanke ich die auf einer im Jahre 1899 unternommenen Konzertreise gemachten Bekanntschaft zweier Chopin-Schüler. In Krakau suchte mich ein weissbärtiger, würdiger Greis auf, der sich durch Erzählungen aus seiner Jugendzeit als Schüler Chopins legitimierte. Der alte Herr, Professor der bildenden Künste, hatte wie so mancher schwärmerisch verlangte Jüngling zuerst die Musik als Beruf erwählt und genoss in Paris den Unterricht seines Abgottes. Er berichtete mir köstliche Einzelheiten über das pedantische Festhalten Chopins an Zeitmassen; merkliche Rubati waren verpönt. Leider ist mir der Name jenes Besuchers entfallen. Ich wäre aber den bejahrten Mitgliedern der grossen Lemberger Chopin-Gemeinde zu Dank verpflichtet, die mir die Namen der sicherlich längst verstorbenen Gräfin X, einer halbgelähmten Matrone, — in ihrer Maienblütezeit ebenfalls Chopin-Schülerin, — nennen könnten. Duplizität der Ereignisse: Wenige Tage nach dem Krakauer Auftreten suchte mich diese Jugendfreundin und Schülerin des Meisters im Lemberger Künstlerzimmer auf. Die alte Dame bestätigte die Richtigkeit der in der Erinnerung des Krakauer Malers haften gebliebenen Maximen in Chopins Unterweisungen.

Schuberts Klaviermusik empfinde ich als Lieder ohne Worte; je naiver und sangesmässiger sie erklingt, desto stärker wird der Widerhall sein, den diese einzigartige Lyrik in der Brust des Hörers auslöst. Darum sollten sich zu Interpreten Schuberts nur solche Klavierspieler berufen fühlen, die auf dem Pianoforte zu singen vermögen, also Pianisten, keine Fortisten! Hier könnte man skeptisch Uhland zitieren:»Singe, wem Gesang gegeben.»

Weber und *Mendelssohn* bieten hingegen der Virtuosität ein Tummelfeld, doch kommt man dem Wesen der Komponisten des»Freischütz» und des»Sommernachstraum» ohne warmes Musikantenblut nicht nahe. Durch *Schumanns* Schaffen zieht sich wie ein roter Faden der in dem von ihm erdichteten Freundeskreis der Davidsbündler gekennzeichnete Gegensatz zwischen Florestan mit seinem stürmischen Temperament und dem gemütstiefen in sich gekehrten Eusebius. Von Clara Schumann, die ja die Intentionen ihres Lebensgefährten kannte, sogar beeinflusst haben dürfte,) habe ich fast die gesamte Schumann-Literatur gehört. Sie wurde der nie rastenden ungestümen Florestan-Natur ebenso vollkommen gerecht, wie der Versonnenheit eines Eusebius. Keineswegs huldigte die gewiss nicht metronomisch-kleinlich musizierende Meisterin einer Überspitzung tonlicher und zeitlicher Gegensätze. — Sic! Sollte diese Rückschau auch nur einen einzigen Schumannianer unter den Pianisten zur Einsicht bewogen haben, so würde meinem pädagogischen Gewissen ob dieses Canossa-Ganges Genugtuung. Die Hervorhebung der zerklüfteten Form in vielen Tondichtungen muss zur völligen Zerstückelung führen. Alle Freunde Schumann'scher Romantik können die sich mehrenden Angriffe auf deren Sentimentalität nicht wirksamer entkräften, als durch flottes Zupacken ohne jede Verzärtelung in der Ausdeutung der ihr innewohnenden Poesie.

Brahms wird vielfach mit unangebrachter Heiligenscheu zu den Klassikern zurückversetzt. Ich sehe in Brahms den Romantiker vom reinsten Wasser. In der formalen Gestaltung greift er wohl auf seine klassischen Ahnen zurück, und so hat *Bülow* nicht unrecht, wenn er die erste Brahms-Symphonie als zehnte Beethovensche bezeichnet; aber der die klassischen Schläuche füllende edle Wein stammt aus romantischen Gefilden. Merkwürdig finde ich die Ansicht zeitgenössischer Musiker, dass romantisch gleich bürgerlich sei; sollte hier etwa der Titel von Roderich Benedix' Lustspiel »Bürgerlich und romantisch« Pate gestanden haben? Ich musste kürzlich mit einem sicher von ehrlicher Überzeugung »den Bürger Brahms« kritisierenden jungen Schriftsteller einen Federkampf führen, indem ich ausführte, dass Brahms der Bürgerlichkeit zeihen, ihn verkennen hiesse.

Als mir das Glück beschieden war, das gesamte Klavierschaffen von Brahms einer erstmaligen Revision zu unterziehen, kam ich in Berührung mit Menschen, Archiven, Korrespondenzen, die mir ein aufschlussreiches Bild vom wahren Charakter des herrlichen Menschen gaben. Wenn je ein Tonschöpfer bürgerlicher Tradition abhold gewesen ist, so Johannes Brahms. Kennt man die Geschichte Schleswigs und somit auch der Dithmarschschen Bauern mit ihren Dickschädeln, ihrem trotzigen Eigensinn, ihrer Verschlossenheit, so hat man schon die Basis zur Erschliessung von Brahms' Wesen gefunden. Zwar zufällig in Hamburg geboren entstammte er einem Elternpaar, das in dem kleinen Wesselburen, dem Geburtsort Hebbels, beheimatet war. Wesselburen und das lebensfrohe Oesterreich, die zweite endgültige Heimat: hier finden wir die Synthese für das an reizvollen Widersprüchen reiche Wesen des Menschen und Tonschöpfers Brahms. Diese Gegensätze zwischen grüblerischer Verschlossenheit und derben, frischem Draufgängertum müssen auch in der Wiedergabe zum Ausdruck kommen. Nicht nur Wien, sondern auch das südlichere Magyarische Zigeunertum spielt im Schaffen dieses nordischen Bauernsohnes eine Rolle. Hier sei beispielsweise an die Ungarischen Tänze erinnert; auch in einer Reihe anderer Tonstücke zigeunert es merklich in Brahms, dessen Muse keine Anzeichen von Bürgerlichkeit verrät. Also, meine verehrten Brahms-Interpreten, nicht nur gegrübelt, sondern neben Versunkenheit gehörig die Funken sprühen lassen!

Liszt ist neben Chopin in das Urwesen des Klaviers am tiefsten eingedrungen. Anfänglich sind es nicht Seelentiefen, die er zu ergründen versucht; mit neuen, bis dahin ungeahnten Klangkombinationen bezaubert er das Ohr. Die Etüden und ein grosser Teil seines übrigen Schaffens eröffneten zur Zeit ihres Erscheinens eine Perspektive auf technische Probleme, deren Lösung den Pianismus vor fast unlösbar dünkende Schwierigkeiten stellte. Heutzutage muss jeder tüchtige Absolvent eines Konservatoriums vor seinem Eintritt in die Oeffentlichkeit die markantesten Stücke der Liszt-Literatur beherrschen. Liszts Ehrgeiz begnüte sich nicht mit dem Ruhm des Bahnbrechers einer neuartigen Virtuosität. Sein universeller Geist strebte nach allerhöchsten Zielen; Petrarca-Sonette, die Lektüre eines Dante, Tasso, die Gestalt Christi regten seinen Schöpferdrang an. So offenbart der Grossmeister des Klavierspiels eine zwiespältige Wesensart. Als junger, auf Reisen und in Salons gefeierter Virtuose bearbeitet er für seine Kunstfahrten die beliebtesten Lieder (hauptsächlich Schubert), Opern, (Transkriptionen) und Volksmelodien seiner ungarischen Heimat, (Rhapsodien). Auf der Höhe seiner Triumphe erkennt er die Schalheit und Aeusserlichkeit des Virtuosenlebens. Wie Allen sichtbar seine Bekleidung vom Frack zur Soutane wechselt —, so zeitigt der Hang zum Mystizismus und zu religiösen Schwärmereien Schöpfungen wie Harmonies poetiques et religieuses und die beiden Franziskus-Legenden. Die Tragik in Liszts Kompo-

nisten-Schicksal ist in der Umstrittenheit des Wertes der Aller—
innerstes zum Ausdruck bringen sollenden Werke seiner letzten
Schaffensperiode zu sehen.

Als nach seinem Tode die grossen Listz-Schüler das plötzlich
musikalisch verödete Weimar verliessen, sich in alle Welt zer-
streuten, und dem Namen ihres Grossmeisters durch möglichste
Verbreitung seiner ernsten Tondichtungen huldigten, gab es in
den Musikzentren einen Liszt-Kultus.

Die Reaktion auf die vielleicht allzu geräuschvoll sich breit
machende Propaganda seitens der in abgöttischer Verehrung an
ihrem heimgegegangenen Lehrer hängenden Jünger blieb nicht
aus. Für und wider den Meister wurde Partei ergriffen, und bis
auf den heutigen Tag sind die Meinungen geteilt. Ich schliesse
mich jedenfalls nicht dem Chor der Spötter an, die der Gesamt-
erscheinung Listzs das Etikette aufprägen: Junger Tannhäuser,
alter Parsifal! Vom Standpunkt des Klavierpädagogen betrachte
ich Liszts Schaffen als überaus fruchtbar. Mag der Gehalt der
seriösen Programm-Musiken zu leicht und zu seicht befunden
werden, so wird doch jeder Klavierspieler Nutzen aus ihrem
Studium ziehen. Die Liszt'sche Klangwelt tonlich zu erschöpfen,
bedeutet eine heikle Aufgabe, deren Gelingen eine Verfeinerung
der Anschlagkünste gewährleistet.

Nach Liszt war es nebst dem im ersten Abschnitt bereits ge-
kennzeichneten *Busoni, Max Reger*, der für die klavierspielende
Welt Bereicherung brachte. Reger's, auf der Linie Bach-Brahms
fussende Tonwelt birgt kühne, teils bizarre Harmonik und Rhyth-
mik bei durchaus edler Melodieführung. An den kleineren Stücken
(Tagebuch, Humoresken, Träume am Kamin usw.) darf kein
Freund gehaltvoller Klaviermusik achtlos vorübergehen, während
die beiden grossen Variationen-Werke (Bach, Teleman) im Ré-
pertoir ernster Pianisten nicht fehlen sollten. Die Fantasie Regers,
des bedeutenden Nachläufers der grossen Meister, wurde vom
Klavier dauernd angeregt: er ist unserem Instrument bis zu seinem
allzu frühen Ende treu geblieben.

Bruckner hat neben Orchester- und Chorwerken nur für sein
Lieblingsinstrument, die Orgel, geschrieben; auch *Mahler* igno-

rierte das Klavier völlig. *Pfitzner* bedachte uns immerhin mit einem gewichtigen Konzert, und *Strauss* schenkte uns neben Kleinigkeiten noch die geistreiche, übrigens sehr kniffliche Orchester-Burleske.

Jenseits der deutschen Grenzen haben die führenden Geister der Neuzeit stets zum Klavier gehalten. Nebst dem hervorragenden belgischen Neuromantiker *César Franck* tritt der Franzose *Claude Debussy* in den Vordergrund. Debussy erzählte mir einmal, dass ihm die besten Eingebungen kamen, wenn er in der Dämmerstunde am Flügel phantasierte. Wie immer man den Wert von Debussys impressionistischen Tonmalereien einschätzt, darf doch keinesfalls ihr Studium vernachlässigt werden. Debussy entlockt dem Klavier aparte, ganz einmalige Klangeffekte, zu deren restloser Hervorbringung unsere Fingernerven eigens erozgen werden müssen.

Auch die Franzosen *Ravel* und *Poulenc* sind Farbenkünstler, deren Palette eine besondere Note erhält.

Da wir gerade bei den Romanen weilen, sei noch der delikaten Klaviermusik zweier Spanier *Albeniz* und *Granados*, sowie der Italiener *Sgambati*, *Respighi* und *Casella* gedacht, während von den Magyaren *Bartok*, *Dohnanyi* und *Kodaly* zu nennen sind.

Von der spärlichen angelsächsischen Ausbeute sind *Cyrill Scott* und der Amerikaner *Mac Dowell* zu nennen.

Beträchtlich ist der Anteil der slawischen Tonsetzer an der Klavier-Litteratur. Die Tschechen *Smetana* und *Dvorak*, die Russen *Tschaikowsky*, *Mussorgsky*, *Rubinstein*, *Balakireff*, *Skrjabin*, *Arensky*, *Liadow*, *Liapounow*, *Glassunow*, neuerdings: *Rachmaninow*, *Prokofieff*, *Medtner*, *Strawinsky* und der Pole *Szymanowski:* — sie alle sind bessessene Liebhaber des Klaviers! Und wie es in Schumanns Zigeunerliedern heisst:»Wer mich liebt, den lieb ich wieder», so verschliesst sich das Klavier nicht seinen Werbern und befruchtet sie mit einer Fülle von Eingebungen. Sind es auch keine Ewigkeitswerte, die uns der Osten in so reichem Masse gebracht hat, so ist es doch Pflicht des Pädagogen, auf ihren zum mindest instruktiven etüdialen Nutzen hinzuweisen.

Vom Norden her sind der klavierspielenden Welt die Tonwerke von *Grieg, Sinding, Palmgren, Nielsen,* beschert worden.

Ganz abhold sind unserem Instrument- rühmliche Ausnahmen zugegeben — die Atonalisten aller Länder, die sich vereinigen, um das Klavier zum Prügelknaben, zum Hieb und Pauk-Schlachtfeld zu degradieren.

III

Bliebe noch die *Kammermusik* zu erwähnen, die ja — wenn auch zuweilen als Stiefkind — in den Bereich der Klaviermusik einzugliedern ist. Ziehen wir einen Querschnitt durch die gesamte Instrumentalmusik-Literatur, so ergibt sich das Fazit, dass auf das weite Gebiet der Klavier-*Kammermusik* ein beträchtlicher Anteil, sowohl zahlenmässig wie nach dem ihr innewohnenden Wert, entfällt.

In meinem Programm-Archiv blätternd, bemerke ich, dass in den 25 Jahren meiner cyklischen Berliner Trio-Abende mit »Meisterwerken der Kammermusik« verhältnismässig wenige in die Augen fallende Wiederholungen verzeichnet sind. Letztere gelten einigen Lieblingen des Publikums, deren turnusmässige Wiederkehr kategorisch verlangt wird. Es wäre leicht, noch weitere 25 Jahre hindurch meine Programme mit bis dahin unberücksichtigt gebliebenen, nicht minder gehaltreichen Werken der Kammermusik zu gestalten. — Somit ist der Wertbestand dieser Spezies innerhalb des Konzertgefüges festgestellt. In welchem Verhältnis stehen nun die Pianisten und die grosse Schar der dilettierenden Spieler zur Klavier-Kammermusik? Mit Betrübnis konstatiere ich seit langer Zeit, dass viele Virtuosen die klavieristischen Schwierigkeiten der Fülle von Sonaten, Trios, Quartetten, Quintetten unterschätzen. Ruhen die Virtuosen von ihren solistischen Kreuz- und Querfahrten eine Weile aus, so glauben sie ihr künstlerisch-musikalisches Gewissen durch Einschaltung von einem »bissel« Kammermusik zu beschwichtigen. Meine verehrten Gelegenheits-Kammer-Musici: so einfach liegt der Fall durchaus nicht! Zur Überwindung der hier recht oft prekären technischen Schwierigkeiten bedarf es gründlicher Vorbereitung. Und nun gar erst die geistige Durchdringung! Unsere grossen Tondichter haben wohlweislich zwischen konzertanter und für die Kammer, — das Kämmerlein - gearteter Musik zu unterscheiden gewusst. Ihre intimsten, tiefsten seelischen Regungen wollten sie nicht der grossen Masse Mensch offenbaren; vielmehr sollte sie denen anvertraut werden, die der Musik um ihrer selbst willen ergeben sind und nicht die Lorbeerspenden äusseren Erfolges erheischen.

Bis zum Ablauf des ersten Zweidrittels des vergangenen Jahrhunderts gab es denn auch in der Oeffentlichkeit nur sporadisch Darbietungen von Kammermusik. Mit dem zunehmenden Eindringen stattlicher Reihen von Musikliebhabern in die kostbaren Schönheiten besagter Literatur, verstärkte sich der Wunsch nach Übermittlung der von Meistern geschaffenen Werke durch ebenbürtige nachschaffende Meister. Verantwortungserfüllte Künstler sahen sich nun vor die Aufgabe gestellt, feinstgeäderte Musik aus dem matten Schein der Kerzen in das helle Licht des Podiums zu verpflanzen, ohne doch dem Kern ihres Wesens Gewalt anzutun. Die Führer der nunmehr wie Pilze aus der Erde wachsenden Streichquartett-Vereinigungen waren sich daher ihrer schwerwiegenden Aufgabe bewusst. Jahrelang probierten sie und arbeiteten sie mit vorbildlicher Akribie, um auch das verborgenste kostbare Gut zu heben und Perle an Perle zu einer ausgeglichenen Tonkette zu reihen.

Bei den Klavier-Kammermusikern habe ich nur selten eine eigentlich die elementarste Vorbedingung bildende Vorarbeit gefunden. In den meisten Fällen sucht sich der Pianist ad hoc seine Streichpartner aus und es kommt hierbei unmöglich zu der den Streichquartettlern immanenten Homogenität. Die Lücke wird hier um so fühlbarer, als ja im Gegensatz zu der den Streichern eigenen Klanggleichartigkeit zwischen dem Toncharakter des Flügels und demjenigen von Geige, Bratsche und Cello eine schier unüberbrückbare Kluft gähnt. Hier kann nur durch zähe Dauerarbeit Ausgleich entstehen.

Dazu gehört der Einsatz der ganzen Künstler-Persönlichkeit und nicht eines anderen Bezirken entstammenden gelegentlichen

36

Gastspielers. Wie schwierig ist vor Allem das Abwägen der Klangstärke, da ja der heutige Flügel sich in einer ganz anderen Proportion zu den Streichern befindet, als das zur Zeit der Entstehung der meisten noch heute die Programme zierenden Werke vorhandene Klavier. Dabei darf der Klavierspieler die Führung nicht aus der Hand geben. Betrachten wir die Struktur und Dynamik bei Haydn, Mozart und selbst Beethoven, so stellt sich die Kammermusik dieser Meister mehr oder minder als Klaviermusik »mit» Geige und Cello dar. Bei der Wucht und Fülle des heutigen Flügeltones ist hierdurch eine restlos vollkommene Klangverteilung kaum herzustellen. Der Flügelmann muss sich schon eine beträchtliche Dosis Zurückhaltung auferlegen, um den Streicherklang nicht zu erdrücken.

Bei den Romantikern ist den Streichern etwas grösserer Spielraum gewährt; hier muss der Klavierspieler um so behutsamer vorgehen, als z.B. Schumann gar zu gern die thematische Führung auf der nicht allzu tonstarken A-Saite der Geige produzieren lässt. Mit verhaltenen Zügeln soll der Pianist führen; aber auch da, wo er zur Schonung seiner Trias-Verbündeten in Deckung geht, muss er stets Führer bleiben. Um so verwunderlicher dünkt mich der allgemein gebräuchliche Fachausdruck: *Zur Kammermusikbegleitung.* Sollte auf diese Irreführung die leider nicht wegzuleugnende Tatsache zurückzuführen sein, dass Musiker, die als Virtuosen Schiffbruch erlitten haben, sich dem scheinbar weniger schwierigen Kammermusikspiel gnädigst zuwenden? Diesem Umstand schreibe ich das in den der Muse nur locker verbundenen Kreisen herrschende Vorurteil gegen die »Langweiligkeit» der Kammermusik zu. Wenn Vollblut-Künstler kammermusizieren, so entsteht keine Langweile; die Mittelmässigkeit und unkünstlerische Ausführung ist es vielmehr, die solche laue Atmosphäre erzeugt.

Auch Dilettanten glauben an das kinderleichte »Begleiten zur Kammermusik» und stümpern ohne technische Vorbildung unberechtigterweise an den Heiligtümern bedeutsamer Kunstwerke herum. Gewiss wird die Abwendung immer weiterer Kreise der Musikfreunde von der gehaltlosen Salon- und Schlagermusik und

die Neigung zur ernsten Muse — also auch der Kammermusik
— freudig zu begrüssen sein. Dann aber sollte die bis dahin auf
das Einpauken des Talmi-Tandes verschwendete Zeit auch für-
derhin erübrigt werden, um sie der Befassung mit echter Kunst
zu widmen. Ich gebe zu bedenken, dass Technik kein Konkretum
und nur durch tägliche Arbeit zu erhalten und zu fördern ist.
Wer sich der Unsicherheit technischen Besitzes bewusst ist, wird
das Goethe-Wort begreifen und beherzigen: »Tue jeden Morgen,
als wärst du neu geboren!«

IV

Heitere Reise-Erlebnisse

»Beethoven mit Hindernissen« könnte man ein Konzertaben-
teuer benennen, das Willy Burmester und ich auf einer Reise er-
lebt haben. In Fiume, wo wir zu spielen hatten, war der eigent-
liche Konzertsaal wegen Reparatur geschlossen; statt seiner stand
uns ein Hotelsaal zur Verfügung, der sonst nur Bierkonzerten
populärster Art diente.

Der Hotelpiccolo, die einzige zu unserer Verfügung stehende
»Persönlichkeit«, war daher sehr erstaunt, als wir nach dem
»Künstlerzimmer« fragten. Viel verständnisinniger nahm er unseren Auftrag auf, einen Zweispänner zu besorgen, mit dem wir
sofort nach Schluss des Konzerts nach Abbazzia fahren wollten
— der letzte Zug ist ja immer weg, wenn man ihn braucht. Das
Konzert beginnt glücklich mit Beethovens C-moll-Sonate, deren
gewaltiger erster Satz Stimmung machte: bei den zarten Klängen
des zweiten Satzes ist also das notwendige Fluidum vorhanden,
und der Abend scheint einen herrlichen Verlauf zu nehmen.
Plötzlich höre ich von der Türe her ein leises »Pst! Pst!« Bald darauf ein etwas stärkeres »Pst! Pst!« Galt es mir oder galt es dir?«
hätte ich meinen Partner fragen mögen. Nun krabbelt etwas das
Podium herauf: es ist eine weisse Serviette; daran baumelt der
kleine — Piccolo. Ich winke ihm mit geballter linker Hand ab,
während ich mit der rechten weiter spiele. — Winke wieder. Mein
Piccolo rührt sich nicht. Schliesslich entsteht Unruhe im Saal,
— man fürchtet vielleicht Feuergefahr. Wir unterbrechen also
das Spiel. Darauf hatte Jung-Piccolo gewartet — Bildung besass
er doch! Nun ruft er mit etwas verschüchterter, aber klangvoller

Tenorstimme: Der Wagen kostet soundsoviel, ich soll dem Kutscher sofort Antwort bringen, sonst spannt er aus.» Einen stürmischeren Heiterkeitserfolg habe ich bei keiner noch so raffinierten Premiere gesehen, als ihn dieses naive Talent ganz ungewollt errang. Mit der Beethoven-Stimmung war es allerdings aus.

Und die Moral? Nicht jeder Piccolo trägt den Marschallstab zum späteren Oberkellner im Grand-Hotel in seinem Tornister.

* * *

Einst kam ich auf einer Konzertreise nach Zwickau, der unromantischen Fabrikstadt, in welcher der grösste Romantiker, *Robert Schumann,* geboren ist. Kaum im Hotel angelangt, schüttele ich den Reisestaub von meinen Kleidern und eile zum Marktplatz, um die geweihte Stätte aufzusuchen. Hier entspann sich folgender Dialog:

Ich: »Schutzmann, bitte, wo ist das Schumann-Haus?»

Schutzmann: »Wie määnen Sie, mein Härr?»

Ich: »Wollen Sie mir freundlichst das Schumann-Haus zeigen?»

Er: »Sowas gibt's nich in Zwiggau!»

Ich: »Aber hier ist doch Robert Schumann geboren, und am Marktplatz soll sein Geburtshaus stehen.!»

Er: »Ne, mein Härr, das is Sie en Irrdum; der Härr is nich hier geboren, jedenfalls läbt er nich hier; er muss schon lange verzogen sein, da er bolizeilich unbegannt is.»

Ich: »Aber ich meine ja den grossen Tondichter Schumann und das Schumann-Haus am Markt.»

Er: »Am Markt is sie das Radhaus, die Bolizei, ein Golonialwarenhaus, ein — —.»

Ich lies die rohe Konstablerseele nicht zu Ende reden, machte mit verächtlicher Miene kehrt und begab mich führerlos auf die Suche. — — — Nach fünf Schritten fand ich das mit einem schönen Bronzemédaillon des Meisters geschmückte Haus, dessen Besitzer im Parterre ein flottes Eisenwarengeschäft betreibt. Hier wurde mir liebenswürdige Aufnahme zuteil. Und die Moral? Die Schutzleute in Zwickau müssen besseren Unterricht in Heimatkunde geniessen!

Nachschrift

Die Schilderung des Zwickauer Erlebnisses liegt Jahrzehnte zurück. Inzwischen hat die Stadtverwaltung ihrem grossen Landsmann ein schönes Denkmal errichtet und erweist in Gemeinschaft mit der Robert Schumann-Gesellschaft allen Schumann-Erinnerungen vorbildliche Pietät. Und da die deutsche Schutzmannschaft heutzutage eine vielseitigere Ausbildung als ehemals geniesst, so kann dem geschilderten Zwiegespräch höchstens historischer Wert zugesprochen werden.

* * *

. . . »Raab, Raab!» so gellt es mir noch heute in den Ohren, wenn ich an folgende lustige Geschichte denke:

Burmester und ich kamen auf einer ungarischen Tournée nach Raab, der in fruchtbarer Niederung gelegenen, von drei Flüssen durchströmten Donaustadt. »Raab, Raab!» schrie ein temperamentvoller Gepäckträger beim Oeffnen unseres Coupés und richtete in rasend schnellem Magyarisch eine Frage an uns, die wir mit »rasch, rasch» beantworteten, da höchstens eine Stunde Zeit bis zum Anfang des Konzertes war. Herausreissen unserer Koffer, Davoneilen wie der Blitz, war für ihn das Werk eines Augenblicks. Der Ungar tat, als ob er für sein Gewerbe im Accord bezahlt würde, während doch wir die im — »Accord» — Bezahlten waren. Wir begaben uns ins Hotel, woselbst der Arrangeur des Konzertes, Gymnasialdirektor H., uns begrüsste. Wo war aber nur unser dienstfriger Träger geblieben? Sein südliches Temperament war wohl schon verraucht, denn bereits eine halbe Stunde warteten wir vergebens auf ihn und unsere Reisesachen. Endlich öffnete sich die Tür; scheu und verlegen betritt unser lang ersehnter Nr. 13 das Zimmer. Diesmal verkündete er ohne die früher bewunderte Eilfertigkeit in sehr langsamen Magyarisch, dass, — laut Übersetzung des Direktors, — unsere Siebensachen eine Schnellzugsreise in die steyrischen Alpen angetreten hätten. Der gute Mann hatte uns nämlich für Umsteige-Passagiere des eine Minute nach Ankunft unseres Zuges nach Graz abgehenden Express gehalten. Daher seine Eile! Situation: Dreissig Minuten vor Beginn unseres von allen Raabern mit Spannung erwarteten Auftretens ohne — »alles.» Was tun? Zum zweiten Male wurde nun die Eilfertigkeit des Trägers Nr. 13 in unseren Sold genommen; dieses Mal aber mit positiver segensreicher Tätigkeit! Denn nach einer halben Stunde brachte Nr. 13 — vom Träger Nr. 14 sekundiert — sämtliche Frackanzüge des wollöblichen Lehrerkollegiums am Gymnasium in Raab zur Strecke. Welche Wunder doch ein direktoriales Machtwort zaubern kann! Da lag die erste Garnitur der gesamten philologischen Fakultät Raab vor uns.

Nun gab es ein Probieren: An — ausrutsch — ratsch! Meinem ausnehmend mageren Freunde schlotterte alles nur so um den Leib: schliesslich fand er eine halb annehmbare Toga, die seinen Körper umwallte; na, er konnte wenigstens bequem geigen. Und ich? Ja, entweder sind die Raaber Magister so schlecht besoldet, dass sie sich nicht sattessen können, oder ich hatte im Laufe der dreiwöchigen Reise zu viel »Möllspeisen», also da sind: Topfengolatschen, Palatschinken, Böhmische Dalken und — last not least — Apfelstrudel genossen. Genug, mir war alles zu eng, und als ich schliesslich das kleinste Übel, d.h. den weitesten Frack gewählt natte, da spannte er um den Oberarm so stark, dass meine ganze Klaviertechnik in der Achselhöhle stecken blieb.

Indes die Raaber hatten ihr Konzert, wenn auch ohne Entfaltung meiner Virtuosität.

* * *

Ein ähnliches Frack-Abenteuer — nur mit umgekehrtem Vorzeichen — erlebte ich gelegentlich meines ersten Londoner Auftretens. Wenige Minuten vor dem um 3 Uhr beginnenden Recital traf ich in meiner allerersten Frack-Garnitur und idealem weissen Schlips im Künstlerzimmer ein, wo ich selbstgefällig im Spiegel meine mit allem Raffinement hergerichtete Eleganz besah. Wusste ich doch, dass ein ungünstiges Abstechen gegen die weltberühmte englische Herrenkleider — und Krawatten - Mode den Erfolg beträchtlich schmälern konnte. Da trat der Manager in's Zimmer, beschaute mich verachtungsvoll und rief: »In diesem Anzug können Sie unmöglich konzertieren; bei uns trägt man am hellichten Tage keinen Frack!« Schon zog er mich mit für ein angelsächsisches Temperament unerhörtem Ungestüm die Treppe hinunter, über die Strasse weg in einen Trödlerladen. Hier musste ich notgedrungen für 3 Schillinge leihweise einen in der Achsel viel zu engen Cutaway und eine bunte Krawatte erstehen. Qualvoll verlief mein Recital. Ach, diese Seelenmarter! Meine Einbildungskraft liess mir alle Nicht-Gentlemen-Vorgänger im Leihbesitz des Cutaway vor Augen tanzen, und ich rieb mir bei jeder virtuosen Armbewegung die Achselhöhle wund. Somit liess auch meine körperliche Verfassung an Jämmerlichkeit nichts zu wünschen übrig. Hätten die Londoner Hörer in mein Herz schauen können, so wäre mir gewiss ein Märtyrer-Denkmal gesetzt worden.

Lasst Blumen sprechen!

Mein Trio konzertierte in Görlitz. Während die meisten dortigen Konzerte in der Stadthalle veranstaltet werden, fand unser Abend in einem anderen Saale statt. Deshalb kam das Bukett, das eine Verehrerin mir in die Stadthalle geschickt hatte, nicht in meine Hände. Diese Tatsche erfuhr die junge Dame erst am nächsten Morgen. Sie schickte sofort den Bürodiener ihres Vaters in die Stadthalle, wo die Blumen in einer Riesenwanne mit anderen Arrangements, die einer Hochzeit gegolten hatten, vergraben lagen. Sie wurden mühsam herausgesucht, und das Faktotum begab sich nun in das Hotel, wo das Mayer-Mahr-Trio Quartier genommen hatte.

»Haben Sie die Blumen richtig abgegeben?« fragte die Spenderin den Boten bei der Rückkehr. — »Jawoll, gnädiges Fräulein.« — »Waren sie schon sehr mitgenommen?« — »Nein, gnädiges Fräulein!« — »Ich meine, sahen sie schon sehr verblüht und ramponiert aus?« — »Ne, verblüht waren sie gar nicht, Sie standen im besten Mannesalter, und von ramponiert kann man nicht sprechen, es waren sehr hübsch angezogene, bessere Herren!«

Globetrotter bemessen die Kulturhöhe eines Landes nach dem Zustand seiner Eisenbahnen; stützt man sich auf diesen Gradmesser, so wäre z.B. *Galizien* in den 90er Jahren mit einer sehr schlechten Zensur bedacht worden. Gerechterweise muss ich bekennen, dass mir auf einer vor wenigen Jahren unternommenen Kunstfahrt die Besserung des dortigen Eisenbahnwesens deutlich erkennbar wurde. Noch zur Jahrhundertwende konnte ein Reisender diesen östlichen Grenzzipfel Mitteleuropas unter das Rubrum Fern-Ost verweisen. Damals gab es in Galizien selbst auf wichtigen Verkehrsstrecken nur einspurige Bahnen, was bei den üblichen Schneeverwehungen einen Strich durch die Rechnung der am grünen Tisch der Konzertagenten-Büros entworfenen Reisepläne bedeutete. Und erst die Hygiene selbst in den Wagen I. Klasse! — Nach meinen Eindrücken befragt, resümierte ich, dass Galizien ein ganz nettes Land wäre, wenn es die *eingeläusigen* Eisenbahnen abschaffte. Zu allen übrigen Übeln gesellte sich noch die Form der in der Mitte geteilten Wagen, so dess an Nachtschlaf nicht zu denken war.

Der Reise-Strategie des Konzertdirektors L. blindlings vertrauend, lies sich zwischen dem an der serbischen Grenze gegenüber Peterwardein gelegenen Neusatz und der Bukowina-Hauptstadt Czernowitz zwei schlaflose Nächte in solchen Martergestellen über meine gequälten Musikantennerven ergehen, resp. erfahren. In Kolomea, wo ich nach 48-stündiger Fahrt am Morgen des Czernowitzer Konzerttages als halbe Leiche angerädert kam, blühte mir eine zehnstündige Unterbrechung, da der nächste Schnellzug mich erst nachmittags nach dem Endpunkt meiner Reise befördern sollte. Der von mir nach dem besten Hotel befragte Stationschef meinte in seinem gemütlichen Wienerisch, dass für einen Reichsdeutschen die Gasthöfe des grossen Verkehrs-Knotenpunktes Kolomea nicht diskutabel seien; er erklärte sich gern bereit, mir den Damensalon des Bahnhöfles zum Ausstrecken der erstarrten Glieder herrichten zu lassen. Schnöde lehnte ich dieses menschenfreundliche Anerbieten ab; ein Königreich für ein Bett! In einem der kleinen kotüberspritzten Wäglein trat ich die Fahrt nach dem »Hotel« an. Aber hier ergab sich, dass bei jedem der 100.000 Einwohner Kolomeas weitere 100.000 Bewohner hausten, besser — lausten. Also zurück in den Damensalon der Station! Endlich sass ich gegen Abend im komfortablen Blitzzug und erreichte wunderlicherweise pünktlich die Stätte meines erhofften abendlichen Ruhmes. Aber nun kam der Tragödie zweiter Teil. In Czernowitz wusste kein Mensch etwas von dem Konzert, da ja Fasching war und in allen Sälen der Stadt Karneval gefeiert wurde. Hätte ich meinen Herrn Konzertidrektor, der sich um die Kleinigkeit einer Woche geirrt hatte, in handgreiflicher Nähe gehabt, so wäre die Künstlergilde für alle Zeiten von einem Unheil brütenden Agentenhirn befreit gewesen.

Der Klavierabend ohne Flügel

Dass selbst im kaiserlichen Deutschen Reich, dem Lande der bestorganisierten Eisenbahnen, die Abhaltung eines Konzertes durch Verkehrshindernisse vereitelt oder zumindest gefährdet werden kann, ist kaum glaubhaft; ich bin in der Tat einer solchen Tücke des Objekts zum Opfer gefallen. Ort der Handlung: Göttigen; Zeit: 1917.

Diese Zeitangabe, sprich: Weltkrieg — erklärt alles.

Als ich der Firma Bechstein zu Anfang jenes Winters meine Konzertdatenliste angab, lehnte sie die Beflügelung Göttingens mit der Begründung ab, dass ein Instrument in Kriegszeiten nur auf Hauptlinien pünktlich befördert werden könne; der Weg nach Göttingen berühre Umlade-Stationen, auf denen Eil- und sogar Expressgut hinter jeder Kriegslieferung zurückstehen müsse. Mein dringender Hinweis auf die Verwöhntheit des fast nur aus akademischen Kreisen bestehenden Göttinger Publikums brach den Widerstand Bechsteins. Ich traf pünktlich, kurz vor Beginn des Konzertes in Göttingen ein, nicht so der Flügel, was mir der Veranstalter des Konzertes, Musikdirektor E ... g händeringend bei meiner Ankunft mitteilte. Es blieb nichts übrig als Absage oder Benutzung eines im Saale befindlichen alten Tanz-Klimperkastens, aus dem einige abgerissene Saiten hervorquollen wie die Gedärme eines vom Torero zu Tode getroffenen Stieres. Die bereits versammelten Kunstfreunde konnte man nicht einfach nach Hause schicken. So musste ich folgende Ansprache wagen:

»Verehrte Damen und Herren! Wenn Sie heute Musik auf einem guten Flügel hören wollen, so sind Sie fehl am Ort. Genügt Ihnen aber das fragwürdige Experiment der Traktierung einer alten Drahtkommode durch mich unglückliches Opfer der Kriegsbegleiterscheinungen, so bitte ich um Ihre Langmut.«

Gute Miene zu bösen Spiel machend, ertrugen die an beste Kost gewöhnten Göttinger voll Mitleid mit mir und sich selbst diese in Konzertsälen wohl einzig dastehende Tortur.

Begegnung mit Adolf Menzel

Adolf Menzel, der grösste deutsche Maler des 19. Jahrhunderts, war einer der treuesten, alljährlich wiederkehrenden Besucher des Weltbades Kissingen. Wenn dieser illustre Kurgast in morgendlicher Frühe zum Rakoczy-Brunnen schritt, liessen die bereits vorher angetretenen zahlreichen Rakoczy-Trinker der kleinen Excellenz ehrerbietig den Vortritt. Gern mischte sich der alte Herr ungeniert in die Menge, mit seinen scharfen Späheraugen hier und da einen interessanten Kopf erhaschend und in der Skizzenmappe verewigend. Doch wehe, wenn ihn ein aufdringlicher Zeitgenosse angesprochen oder gar mit einer Autogramm-Bitte belästigt hätte! Menzel war bekanntlich so menschenheu, dass z.B. in sein Berliner Heim einzudringen, wenigen Sterblichen vergönnt war.

Wer beschreibt nun meine Überraschung, als während meines Kissinger Konzertes der Kurdirektor mir erzählte, dass A.M. anwesend sei und mich gezeichnet habe! Meine Überraschung steigerte sich zur Freude, als nach Schluss der Veranstaltung Professor Dr. Krigar-Menzel mich im Künstlerzimmer aufsuchte und eine Einladung seines Onkels zu einem Glase Wein in der

Fränkischen Trinkstube überbrachte. Der hohe Gastgeber war zu mir, dem etwa 60 Jahre jüngeren, noch im Beginn der Laufbahn stehenden Musikanten, von ungeahnter, nicht etwa nur herablassender Liebenswürdigkeit. Seine Begeisterung für die heilige Kunst der anderen Fakultät kam in unserem bis nach Mitternacht währenden Gespräch häufig zum Ausdruck. Wie gerne hätte ich die im Konzertsaal entstanden Zeichnung gesehen! Ob sie vor der Selbstkritik des gestrengen Meisters keine Gnade gefunden hat? Jedenfalls befand sie sich nicht im Nachlass; auch war sie unter der Skizzensammlung nicht zu finden, die ich später im kunsterfüllten Hause Professor Krigar-Menzels besichtigen durfte.

Spaziergang mit Eleonore Duse

Das soeben geschilderte Zusammensein mit einem Grossen aus musischem Nachbarbezirk wirkte um so befruchtender auf mein künstlerisches Denken, als mir im Laufe des Gesprächs die Eindrücke erkennbar wurden, die von gewissen Musiken, so namentlich der Tonwelt eines J. S. Bach, auf die Fantasie des Malers ausstrahlten. Die Feststellung der Wechselwirkungen zwischen zwei Künsten brachte mir die Erkenntnis, dass wir Musiker Inzucht betreiben, wenn wir im stetigen Kreislauf immer nur innerhalb der eigenen Zunft fachsimpeln. — So pries ich inständigst den Glücksfall, der mich wenige Wochen nach dem Menzel-Abenteuer in Berührung mit der grössten Tragödin jener Zeit, *Eleonore Duse*, brachte.

Schon in jungen Jahren den Grundsatz befolgend, dass zwischen zwei anstrengenden Kunstwintern im Hochsommer völlige Abstinenz von Tongeräuschen jeglicher Art geboten sei, verbrachte ich die Hundstage des August 1894 in Mürren. In dem herrlich gelegenen Alpendorf wollte ich den überreizten Gehörnerven wohlverdiente »Ferien vom Ton« gönnen, um sie für die bevorstehende Winter-Kampagne zu wappnen. Nur die zum Schmaus einladende Hotelglocke oder das Zitherspiel der Sennhirten liess ich als willkommene Ausnahme gelten. Aber es kam anders. Die bei einer Feuersbrunst verheerte englische Kapelle sollte durch Neubau wieder erstehen. Hierzu benötigte die britische Kolonie Geldmittel, die mittels einer Sammlung aufgebracht werden sollten. Da die Beiträge zu gering waren, trat man an mich zwecks Veranstaltung eines Wohltätigkeitskonzertes heran. Meine Ferien vom Ton mussten also für einen Abend unterbrochen werden.

Der Lohn für von mir gebrachte Opfer war ein unerwartet schöner: Am folgenden Morgen übermittelte mir der Hoteldirektor die Einladung zu einem Spaziergang mit der — Duse! Dass die von mir, wie wohl von allen Kulturmenschen, angebetete Schauspielerin im Hotel wohnte, war zwar bekannt, aber keine Menschenseele hatte die ganz einsam lebende Frau je zu sehen bekommen, die kurz zuvor von ihrem Freund, dem Dichter d'Annunzio, verlassen und in einem Roman der öffentlichen Neugierde preisgegeben worden war. Sie promenierte stets nur während der Mahlzeiten, um den Gaffern aus dem Wege zu gehen. Auf unserem Spaziergang durch das schöne Farrental sprach sie fast ausschliesslich über ihr Verhältnis zur Musik. Die Schauspielerin bekannte dem Tonkünstler, dass von der Klangwelt her ihre gestaltende Fantasie stets stark angeregt werde. Sie erzählte mir, dass sie dauernd Gesangsunterricht nehme, um vom gesungenen Ton für ihre Sprechkunst zu profitieren. Nun begriff ich erst den von allen Darbietungen ausgehenden unbeschreiblichen Wohllaut, der ihrem Organ den Stempel der Einmaligkeit aufprägte.

Auch diese Begegnung erbrachte mir, wie das vorausgegangene Kissinger-Begebnis, den Beweis für die enge Verbundenheit der Musik mit den Schwesterkünsten.